주돈이가 들려주는

태극 이야기

주돈이가 들려주는

태극 이야기

초판 1쇄 발행일 2008년 2월 27일
초판 11쇄 발행일 2024년 8월 1일

지은이 이명수
그림 박상아
펴낸이 정은영

펴낸곳 (주)자음과모음
출판등록 2001년 11월 28일 제2001-000259호
주소 10881 경기도 파주시 회동길 325-20
전화 편집부 (02)324-2347, 경영지원부 (02)325-6047
팩스 편집부 (02)324-2348, 경영지원부 (02)2648-1311
e-mail jamoteen@jamobook.com

ISBN 978-89-544-1979-6 (64100)

주돈이가 들려주는
태극 이야기

이명수 지음

|주|자음과모음

책머리에

주돈이(周敦頤, 1017-1073)의 태극 사상은 이 세상이 어떻게 만들어졌고 사람은 어떤 위치에 있으며 또 어떻게 살아야 하는가에 관해 이야기하고 있습니다. 주돈이는 중국 송나라 때의 철학자로, 자(字)는 무숙(茂叔)이며 염계선생(濂溪先生)이라 부르기도 합니다.

보통 종교인들은 자신들이 믿는 신이 우주만물을 창조했다고 주장합니다. 대표로 기독교 성서 창세기에서 하나님이 이레 만에 세상을 만들었다고 하는 것처럼 말입니다. 이처럼 세상이 어떻게 만들어졌는지, 또 누가 만든 것인지를 묻는 것은 우주의 근원을 따지는 일입니다. 예로부터 동양에서는 그 근원을 '하늘' 이라고 일컬어 왔습니다.

철학에서는 우주의 근원을 절대자, 궁극자라고 표현하기도 합니다. 만물이 생기는 출발점, 즉 우주의 근원이 없다면 이 세상에 있는 어떤 것도 절대로 존재할 수 없을 것입니다.

철학자들은 사람이 사는 사회를 포함하여 세상에서 벌어지는 현상들을 지켜보며 많은 생각을 해왔습니다. 그런 과정에서 세상 만물이 돌아가는 어떤 이치나 원리가 있음을 깨닫게 되었지요. 무수히 많은 만물이 생겨났다 사라지고, 해와 달은 번갈아 운행하며 밤과 낮으로 하루를 만

듭니다. 그런 하루하루가 모여 한 달이 되고 한 해가 됩니다.

또 한 해마다 봄, 여름, 가을, 겨울의 사계절이 순환을 합니다. 봄에는 새싹이 나고, 여름에는 잎들이 무성하게 자라며, 가을에는 추수하고, 겨울에는 쉬게 되지요. 이러한 순환 속에서 자연의 모습은 계절마다 각기 다르게 나타납니다. 이와 같은 자연의 움직임이나 생명 현상을 보며 사람들은, 만물 활동에는 그 나름의 법칙이나 이치가 있기 때문일 것이라고 생각을 하게 된 것입니다.

그러한 이치를 우리는 자연법칙이라고 합니다. 주돈이는 자연법칙을 '태극' 이라 칭하고, 그 원리를 이해하기 쉽게 그림을 그려 해설을 붙였습니다. 이것이 바로 '태극도설' 입니다.

'태극' 의 '태' 는 '클 태(太)' 이고 '극' 은 '끝 극(極)' 입니다. 큰 것 중에서 가장 큰 것을 의미하는 자가 '클 태(太)' 이며 이는 '큰 대(大)' 보다 더 큼을 의미합니다. 즉 태극은 무한하게 커서 어떤 비교도 허락하지 않는 큰 끝이라는 뜻입니다. 곧 그 끝을 알 수 없다는 것이지요. 주돈이는 태극이라는 자연법칙 아래 인간을 포함한 만물이 생겨나고, 그 만물이 태극을 따라 올바르게 활동하고 있다고 생각했습니다. 이와 같은 주돈이의 태극 사상은 유학이 성리학으로 발전하는 기틀을 마련하기도 했습니다.

2008년 2월

이명수

추천의 글

주돈이는 성리학의 효시라고 할 수 있습니다. 그가 주장한 '태극'은 동아시아 철학을 공부할 때에 반드시 알아야 할, 결코 빼놓을 수 없는 개념입니다. 어려운 인상을 주는 동양 철학자를 다루면서도 단계별로 차근차근 이야기를 풀어가고 있습니다. 어린 시절에 흔히 경험할 수 있는, 친구와 물건을 교환하는 이야기를 통해 쉽게 공감을 끌 수 있는 이야기입니다.

친구끼리 서로 좋아하는 우표와 필통을 맞바꿈으로써 생긴 에피소드를 주된 이야기 축으로 삼고 있어 단순한 인상을 주지만, 오히려 주돈이 사상을 이해하는 데는 효과적입니다. 읽고 난 뒤에 책 전체의 핵심내용이 또렷하게 기억에 남습니다.

성산효대학원대학 김덕균 교수

아버지의 귀한 우표를 친구에게 줘 버린 걸 들키지 않기 위해 전전긍긍하는 주인공의 심리를 통해 이야기 내내 푹 빠질 수 있습니다. 친구에게 준 우표가 가짜라는 것이 밝혀지는 반전 장면에서는 극적인 재미를 느낄 수 있습니다.

뿐만 아니라, 수철이와 아버지가 티격태격 밀고 당기는 분위기의 재미있는 대화 장면에서 주돈이의 사상을 명확히 이해할 수 있습니다. 처음엔 아버지가 일러주는 철학 사상에 별 관심이 없던 수철이도 수해지역 봉사활동을 겪으며 주돈이의 사상에 동화되어 가는 모습을 보여 줍니다. 그리하여 수철이가 주돈이의 사상을 정확히 알고 보다 생각이 성숙하게 변화해 가는 과정을 통해, 책을 읽는 아이들도 자연스럽게 주돈이의 윤리관을 익히고 한층 성숙해질 수 있도록 유도합니다.

중앙대학교 산업과학대 식물응용과학과 안영희 교수

C O N T E N T S

책머리에
추천의 글
프롤로그

1 끝없이 무한한 우주 | 017

1. 남산에 해가 돋다 2. 그것이 우리나라 최초의 우표였구나!
3. 잠자러 가는 해
• 철학 돋보기

2 음양과 오행이 우주를 이루다 | 043

1. 음양의 조화, 어머니와 아버지 2. 하늘의 도리와 땅의 도리
3. 우리 삶도 순환이예요
• 철학 돋보기

3 사람은 만물의 영장 | 069

1. 물놀이가 아니었잖아? 2. 우주의 원소는 어머니?
3. 자연을 닮는 것이 최선
   • 철학 돋보기

4 우주엔 태극, 사람엔 인극 | 103

1. 거꾸로 사는 뚱뚱보 금성이
2. 성인은 다름 아닌 자연을 닮은 자
3. 우표의 진실 4. 하늘이 무너져도 사과를 심자

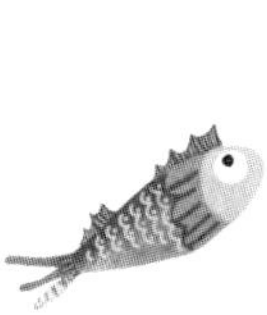

외전
부록_통합형 논술 활용노트

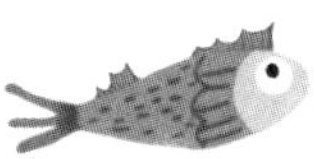

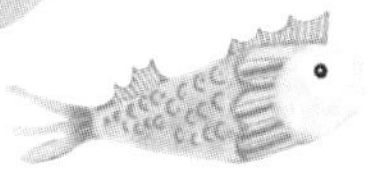

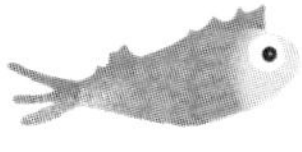

프롤로그

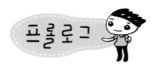

나른한 여름방학 끝 무렵입니다. 수철이는 오늘도 학원에서 호시탐탐 민동이 책상을 엿보고 있습니다. 민동이는 늘 명품 옷에 자가용을 타고 다니며 각종 경시대회에서 상을 휩쓸고 다니는 녀석입니다. 영어도 잘해서 학원에서는 원어민 선생님과 농담도 주고받는다니까요? 하지만 수철이는 그런 게 부러워서 쳐다보는 게 아닙니다. 수철이의 관심사는 오로지 민동이의 책상 위에 놓인 빨간 삼단필통이에요. 겉으로는 빨간 미니 자동차처럼 보이는데 바퀴를 누르면 뚜껑이 열리면서 축구 게임을 할 수 있는 초록색 운동장이 나오는 필통입니다. 외국에서 고모가 사다 준 거라고 하더라고요. 진귀한 필통이라 차마 달라고 하진 못하지만, 수철이는 그 필통이 너무너무 탐이 납니다.

이상하게도 수철이는 필통을 유난히 좋아합니다. 지금까지 모은 필통이 무려 서른아홉, 서랍 두 개를 가득 채울 정도니까요. 연필이나 색깔 볼펜, 예쁜 공책이나 편지지 따위를 모으는 친구는 있어도 필통을 모으다니, 참 흔치 않은 취미입니다. 오늘도 수철이는 새로 나온 필통이 없나 구경하러 문구점에 들렀습니다.

"어라? 민동아!"

"어, 수철아! 여기서 만나다니 반갑다."

문구점에서 수철이를 만나자 민동이는 보고 있던 우표 책을 덮고 제자리에 꼽아놓습니다. 수철이가 별로 반갑지 않은 걸까요? 그냥 가려는 민동이에게, 수철이는 이때다 싶어 슬머시 말을 걸어 봅니다.

"우표 책 보고 있던 거야?"

"으응."

"우표를 좋아해?"

"응. 우표 모으는 게 취미거든."

"이야, 멋있다!"

라고는 하지만 참 고리타분한 녀석이라고 생각합니다. 어떻게 필통 이야기를 꺼낼까 망설이는데 문방구 밖에서 민동이를 부르는 소리가 들려옵니다.

"민동아!"

"아, 엄마 왔다. 그럼, 나 이만 가 볼게."

"잠깐만. 내가 할 말이 있는데……."

"민동아, 어서 나와! 빨리 가야지!"

민동이는 어머니를 보자 곧 문방구를 나서고 맙니다. 수철이가 쫓아나왔지만, 민동이는 차에 타 버립니다.

"미안, 수철아. 나중에 학원에서 보자."

"야, 민동아!"

수철이가 애타게 부르는 소리를 뒤로 한 채 민동이네 차는 골목을 벗어나 버립니다. 수철이는 허탈한 표정으로 텅 빈 골목을 쳐다봅니다. 문방구에도 새로 나온 필통이 많지만 이젠 그 필통 외에 다른 것은 눈에 들어오지도 않습니다. 삼단필통……, 빨간 삼단필통……, 빨간…… 우체통? 길가에 서 있는 빨간 우체통 덕분에 수철이 머리에 문득 좋은 생각이 떠올랐습니다.

"우표랑 바꾸자고 해야지!"

수철이 집에는 수철이 아버지께서 중학교 때부터 수집한 우표들이 책으로 두 권이나 됩니다. 수철이 아버지는 수철이도 우표에 관심을 가졌으면 하는 마음에 몇 번이나 수철이에게 우표 역사와 사연을 이야기를 하려고 하였지만 그때마다 수철이는 건성으로 듣거나 숙제 핑계를 대고 도망쳐 버렸지요. 하지만 지금은 어느 때보다도 그 우표 책이 필요합니다. 삼단필통이 걸려 있거든요.

"아버지! 아버지!"

"얘도 참 호들갑스럽게. 대체 무슨 일이냐?"

"그 우표, 우표 책이요! 아버지 우표 책이 필요해요."

"우표 책이 왜?"

"아, 저 그게……, 집에 오던 길에 빨간 우체통을 보고서 갑자기 우표 책이 보고 싶어졌거든요."

아버지 얼굴에 수상쩍은 표정이 한 순간 슥 스쳐가더니, 곧 반가운 미소가 번집니다.

"허? 녀석 참. 그동안 우표 얘기만 하면 지루해하던 녀석이 웬일로 우표 책을 찾는담? 잠깐 기다려라. 서재에 있을 거다."

수철이는 잠깐조차도 기다리지 못하고 아버지를 따라 서재로 갑니다. 아버지는 책꽂이 맨 위 칸에서 우표 책을 꺼내줍니다. 아버지가 보여주는 우표들이 수철이에게는 그 어느 때보다도 사랑스럽게 느껴집니다.

"이 우표는 아버지가 중학교 졸업식 때 우등상을 탄 기념으로 선생님께 받은 것이란다. 그 선생님도 우표 수집을 참 좋아하셨는데……."

"와, 그럼 무지무지 귀한 거겠네요? 값도 엄청 비싸고요?"

"뭐, 비싼 것도 있겠지. 근데 그런 걸 따지기보다는 인류 문화와 역사를 알 수 있는 좋은 취미로 즐기도록 하렴. 이런 문화적 가치를 돈으로 계산하는 일은 전문 감정사의 몫이지 네 일은 아니니까. 그보다 너도 이번 기회에 우표 수집에 순수한 흥미를 좀 가져 보아라."

아버지 마음과는 달리 수철이는 빨간 필통만 생각합니다. 이 우표 책에 있는 우표 몇 개면 민동이가 그 필통과 바꿔줄 것이라고 생각하니 가슴이 벅차오릅니다. 이런 수철이의 흑심을 알 리 없는 아버지는 우표 책에 관심을 기울이는 수철이가 그저 기특한지 웃기만 하였어요.

다음 날, 그 어느 때보다도 일찍 학원에 간 수철이는 민동이를 보자마자 기다렸다는 듯 민동이 팔을 끌었습니다.

"아야야, 팔 빠지겠다."

"이게 뭔지 아니?!"

수철이는 짜잔! 하는 소리까지 내며 민동이 앞으로 손을 내밀었습니다. 수철이 손 위에는 아버지의 우표 책에서 꺼낸 옛날 우표 몇 장이 놓여 있었지요. 수철이는 기대하는 눈빛으로 민동이 표정을 살핍니다. 아니나 다를까, 우표를 본 민동이의 얼굴은 복숭아 빛으로 상기되어 있습니다. 늘 표정이 없던 민동이 얼굴에 이렇게 화색이 도는 걸 본 건 이번이 처음입니다.

"이거 어디서 났어?"

"이 김수철이가 못 구하는 게 뭐가 있겠냐?"

"대단하다. 이건 진짜 귀한 건데……."

"이 우표들 너 줄까?"

"날 준다고?"

수철이는 민동이 어깨에 팔을 척 두르며 친한 척을 합니다.

"짜식, 어제 문구점에서 니가 우표를 모은단 말에 이 몸이 힘 좀 썼지. 친구 좋다는 게 뭐겠냐?"

"정말이야? 고마워, 수철아. 난 우리가 친해지기 힘들다고 생각했는데, 나한테 우표를 준다니 솔직히 좀 놀랍다."

"뭐 주고받는 필통 속에……, 아니, 주고받는 선물 속에 단단해지는 우리 우정 아니겠니? 하하하, 아이고 내가 필통을 워낙 좋아하다 보니 헛말이 다 나오네! 주고받는 필통이라니, 하하하!"

그러면서 수철이는 민동이 눈치를 봅니다. 이쯤 되면 눈치를 챌 만도 한데 녀석은 공부 말고 다른 쪽으로는 영 둔한 모양인지 눈만 깜박거립니다. 수철이는 필통이란 단어에 힘을 주어 다시 한 번 말해 봅니다.

"내가 필! 통! 모으는 걸 좋아하거든."

"아, 그러고 보니 나도 좋은 필통이 있는데, 이거 너 줄까?"

민동이는 가방에서 빨간 필통을 꺼내 수철이에게 건네줍니다. 수철이가 그렇게도 갖고 싶던 빨간 자동차 필통입니다. 이 정도면 작전 대성공이죠?

"정말? 나 주려고?"

"우표도 받았는데 내가 줄 건 없고, 마침 나한테 이게 있는데 니가 필통 모으는 게 취미라기에……."

"그렇구나! 고마워, 넌 정말 좋은 친구야!"

이리하여 수철이의 삼단필통 획득 작전은 대성공입니다.

1

끝없이 무한한 우주

1. 남산에 해가 돈다
2. 그것이 우리나라 최초 우표였구나!
3. 잠자러 가는 해

"연꽃은 더러운 진흙에서 나왔지만 전혀 더럽혀지지 않고 해맑다."

– 주돈이의 '애련설(愛蓮說)'

1 남산에 해가 돋다

수철이는 아버지와 아침 일찍 산책을 나왔습니다. 삼단필통을 손에 넣은 요즘 뭘 해도 기분이 좋습니다. 이른 새벽인데도 백범 광장은 바쁘게 움직이는 사람들로 활기에 넘칩니다. 주먹을 앞뒤로 세차게 흔들며 산보를 하는 사람들, 배드민턴을 하는 사람들, 벤치에 앉아 이야기를 나누는 아주머니들도 눈에 띕니다. 볼에 닿는 공기가 아직은 차갑지만 불어오는 바람에서는 봄 냄새가 물씬 풍기는 것 같습니다. 봄은 수철이가 가장 좋아하는 계절입니다.

그래서인지 아침잠이 많은 수철이도 봄이 되면 아버지를 따라 운동을 나오곤 합니다.

계단을 밟고 광장 맨 위에 있는 분수대까지 오르면 안중근 의사 기념관과 동상이 보입니다. 부끄러운 이야기지만 어렸을 때 수철이는 안중근 의사를 병을 고치는 의사선생님인 줄로만 알았던 때도 있었습니다. 독립운동가라는 것을 알게 된 곳이 이 동상 앞에서였지요. 그것도 아버지와 함께 왔던 때였습니다.

백범 광장에는 안중근 의사의 동상과 함께 퇴계 이황과 정약용의 동상도 서 있습니다. 두 분 모두 우리 민족이 자랑하는 대학자입니다. 그래서 아버지는 이곳에 민족정신이 깃들어 있다고 늘 말했습니다. 애국가 가사에 나오는 '남산 위에 저 소나무 철갑을 두른 듯 바람서리 불변함은 우리 기상일세.' 라는 노랫말도 남산에 모인 이런 기운을 두고 한 말이겠지요.

그런데 이상하게도 오늘 수철이는 기운이 조금 부족한 것 같습니다. 평소 같으면 계단을 두 칸씩 뛰어올라가 아버지에게 빨리 오라고 재촉을 해댔을 텐데 오늘은 어쩐지 다리가 무겁고 숨이 차는 것 같습니다.

"오늘은 아버지가 이겼다. 하하하!"

"어제 호진이네 등산나들이에 껴서 관악산에 다녀온 후유증 때문이에요. 정말 끔찍했어요."

"요새 애들은 등산을 왜 그렇게 싫어하는지 모르겠어. 우리 어렸을 땐 누가 시키지 않아도 친구들이랑 산에 잘 다니고 그랬는데……."

"가 보니 알겠던데요? 올라갔다 어차피 내려올 것을 뭐 하러 올라가는지. 정상 연주대까지 올라가는데 두 시간이나 걸렸어요."

"연주대까지? 네가 평소에 끈기가 부족한 것 같아서 걱정했었는데, 정상까지 올라간 걸 보니 괜한 걱정을 했구나. 정말 대단하다."

정상까지 올라가긴 했지만 그건 순전히 호진이에게 지기 싫은 마음 때문이었습니다. 수철이와 호진이는 둘도 없는 단짝이면서도 경쟁심도 있거든요. 사실 마음으로는 중도에 그만두고 싶은 생각이 열두 번도 더 들었으니까요. 그래도 아버지가 저렇게 뿌듯해하는 걸 보니 자랑스러운 마음이 들었습니다.

"처음 나오는 헬기장까지는 힘들었는데 그 뒤로는 그래도 괜찮았어요."

"그래. 산에 오르는 것도 처음에나 힘들지, 습관이 되면 호연지기를 기를 수 있어서 좋단다. 몸에도 좋지만 마음과 정신에도 정말 좋은 영향을 주지. 수철이 넌 정상에 올라가서 무슨 생각을 했니?"

"음, 산 위에서 보니 모든 게 신기하긴 했어요. 특히 하늘이 그랬어요."

"하늘?"

"네. 사실 평소에는 하늘을 올려다 볼 생각을 별로 안 하잖아요. 근데 산 정상에 올라가니까 땅보다도 하늘이 먼저 보이더라고요. 하늘을 쳐다보면서 저 하늘의 끝은 어디일까 생각해 봤어요. 하늘로 계속 올라가다 보면 우주로 나가게 되겠죠?"

"우주에서도 계속 가다 보면?"

"우주 끝에 닿으려나?"

"글쎄다. 우리가 사는 이 세상엔 끝이 없는 게 없지. 재미있는 일도, 힘든 일도, 좋은 일도, 슬픈 일도 언젠가는 끝이 나게 되어 있지. 하지만 우주는 다르단다. 우주에는 끝이란 게 없다고들 하지."

"상상이 잘 안 돼요."

"지구 끝 중 남쪽의 끝은 남극이지. 그러면 북쪽의 끝은 어디지?"

"북극이지요."

"그럼 다시. 이 우주의 끝은 어딜까?"

"우주의 끝은……, 그 끝을 지나면 뭔가 있는 건가요?"

"모르지. 거기 뭐가 있을까?"

"아, 맞다. 방금 우주는 끝이 없다고 하셨죠? 그럼 우주는 무한한 거예요?"

"글쎄다."

"엥? 대체 끝이 있는 거예요, 없는 거예요?"

"하하하, 녀석. 그래, 끝이 없다고 했지. 그래서 무극이라고 하는 거야. 관심이 없는 것을 무관심이라고 하고, 의식이 없는 것을 무의식이라고 하듯이, 우주에는 끝이 없으니 우주의 극이 없다고 해서 무극이라고 하는 것이지. 그 무극을 바로 태극이라고도 한단다. 태극은 많이 들어 봤지?"

"그럼요. 태극을 모르는 사람이 설마 있으려고요? 우리나라 국기도 태극기인걸요. 월드컵 때도 국가대표팀을 태극전사라고 하잖아요. 태극마크를 단다고도 하고."

"끝이 없음을 뜻하는 무극이, 커다란 극을 뜻하는 태극과 왜 같은 말일까?"

"아빠, 사실 전 무극이 태극과 같은 말이란 걸 오늘 처음 들었어요. 저의 무식함도 정말 무극과 같군요. 아, 제 무식함에 빗대어 보니 무극이 곧 태극이라는 게 어떤 말인지 알 것 같아요."

"아직 배우지 않아서 그런 거니 너무 자신을 학대하지 않아도 된다. 사실 사람들도 태극이라는 말을 흔하게 쓰면서도 그 뜻이 뭔지는 잘 모르거든. 옛 중국의 철학자 주돈이가 우주를 설명할 때 무극이면서 태극이라는 말을 했던 것이지."

"주도니? 이름이 도니인가요? 개그맨 이름 같기도 하고 삼겹살집 이름 같기도 하네요."

"주도니가 아니라 주! 돈! 이! 란다. 어디 가서 그런 무식한 말하지 말고 이참에 잘 알아 두렴."

"학교에서 배우기 전에 아빠한테 먼저 배워서 천만다행이에요."

계단을 오르느라 배었던 땀이 봄바람에 좀 식은 것 같습니다. 곧 해가 뜰 시간이라 그런지 아빠와 수철인 가만히 손차양을 하고 서있습니다. 둘은 서로 일출을 기다리기로 마음으로 통한 모양입니다.

2 그것이 우리나라 최초 우표였구나!

"아빠! 저기 좀 보세요! 해가 떠오르고 있어요!"

빠끔히 얼굴을 내민 태양이 세상을 환하게 밝히기 시작합니다. 조금 전만 해도 어둑어둑했던 백범 광장에 어둠이 걷히는 장면은 신비스럽기까지 합니다. 이런 걸 두고 장관이라고 하는 거겠지요. 아버지가 말한 무극 이야기 때문인지, 수철이는 태양이 여느 때와 좀 달라 보이는 것 같습니다. 뭔가 철학적이고 감상적인 기분이랄까요.

"저 해는 원래 어디서 생겨서 떠오르고 있는 걸까요?"

"아까 말했듯이 옛날 사람들은 태극이 움직여서 생긴 것으로 생각했었지."

"태양도 태극이 움직여서 만들어진 건가요?"

"처음부터 생각해보자. 이 세상 모든 것에는 원인이 있게 마련이지?"

"그렇겠죠. 까닭이 있어야 결과도 있는 법이니까."

"그럼 까닭을 쭉 좇아 올라가면 맨 처음인 원인이 있겠지?"

"네. 그렇겠네요?"

"그게 뭘까?"

"눈치껏 맞춰 보자면 태극이겠네요."

"그래, 옛 사람들은 그게 바로 태극이라고 생각한 거야. 세상이 어둠에서 밝음으로 바뀌는 현상의 원인을 태극이라고 할 수 있지."

이제 어둠은 완전히 걷히고 동녘에는 태양이 빛을 내며 떠오르고 있습니다. 날이 맑아서인지 관악산에 태극기가 펄럭이는 모습이 희미하게나마 보입니다. 어제는 그렇게도 힘들어서 다시는 가지 않겠다고 결심했던 관악산인데, 지금 보니 다시 오르고 싶은 생각이 듭니다.

“정말 신기해요. 태양이 한 번 뜨고 지는 사이에 사람 마음이 이렇게 바뀌다니 말이에요. 어제까지만 해도 저 산이 정말 싫었는데, 지금은 연주대에 다시 오르고 싶어요.”

“그래, 사람 마음은 낮에 다르고 밤에 다르지. 태극이 움직일 때마다 생기는 기운 역시 다르단다. 철학자 주돈이는 태극이 움직이면 양이 생긴다고 했어. 여기서 양은 양기를 말한단다. 양기 중에 가장 큰 것이 태양이지. 이 정도면 왜 태양이 태양이란 이름을 가지게 된 건지 짐작이 가겠지?”

“클 태(太)에 양기 양(陽) 이네요? 전 지금까지 해가 그저 밝아서 태양이라고 부르는 줄 알았어요. 양은 보통 밝다는 뜻으로 많이 쓰잖아요.”

“그 말도 틀린 건 아니란다. 그런데 음양에서는 에너지란 개념으로 보는 게 좋아. 우주를 가득 채운 에너지를 양기와 음기로 나눌 수 있는데, 양기가 가장 센 것이 태양이고 음기가 가장 센 것은…….”

“달!”

“녀석, 누굴 닮았는지 하나를 가르치면 둘을 아는구나.”

“둘이 아니라 열을 알아야 하는데…….”

"아니다, 난 이런 철학적인 이야기를 지루해하지도 않고 재미있게 듣는 네가 자랑스럽다."

"정말요?"

아버지 칭찬을 들으니 수철이 어깨가 으쓱해집니다.

"태극기 안에 파랑색과 빨강색이 있는 게 왜 그런지 알겠지? 태극이 우주를 가리키고, 그 안에 있는 음기와 양기를 표현한 것이지."

"그랬구나! 늘 태극기를 보면서도 그런 심오한 뜻이 있는 줄은 몰랐어요."

"녀석, 몇 년 전에 체신기념관에 갔을 때도 말해 줬었는데 그 새 잊었나 보구나. 하긴 그 땐 어렸을 때니까."

"체신기념관! 아, 기억나요! 용산에 있는 것 말이죠?"

"그래. 거기서 보았던 거 기억나니? 우리나라 최초 우표."

수철이는 머릿속에 체신기념관 기억을 어렵사리 떠올려 보려고 끙끙댑니다. 하지만 그래봐야 그 날 점심으로 사 먹은 비빔냉면이 눈물 나게 맛있었다는 기억뿐입니다. 민동이라면 당연히 우표부터 기억이 났겠지요.

"기억이 날 듯 말 듯 한데요."

"그 우표에 태극이 그려져 있어. 그리고 주돈이의 태극도 그려져 있지."

아버지는 수철이의 기억을 일깨워 주고 싶어 여러 가지 설명을 하지만, 수철이 머릿속은 지우개로 지워 버린 것처럼 점점 하얘집니다. 아니, 어쩌면 수철이 마음에서 맨 처음 우표 모양을 기억해 내지 못 하도록 억누르는 뭔가가 있는 것 같기도 합니다. 기억하기 싫어! 기억하지 마! 라고 주문을 외우듯이요. 그럴수록 아버진 더 설명해 주려 합니다.

"아! 그래, 내가 며칠 전에 너에게 준 우표 책을 찾아보렴. 그 우표가 있을 거야."

대체 어느 틈에 챙겨 오신 건지, 아버지는 급기야 볼펜과 수첩까지 꺼내어 주돈이의 태극도를 그리기 시작합니다.

"자, 보렴. 이게 주돈이의 태극도란다. 우리 태극기와는 좀 달라 보이겠지만 파란 부분이 어둠을 나타내고 하얀 부분은 밝음을 나타낸다는 점에서는 태극기랑 비슷하기도 하지?"

아버지의 그림이 완성되어 갈수록 수철이 머릿속에 체신기념관의 기억이 살아나기 시작합니다. 어쩐지 불길한 예감이 듭니다. 주돈이의 태극도가 마침내 완성되자, 수철이의 기억도 생생하게 돌아옵니다. 그 우표의 모습까지도. 불길한 예감이 맞아 떨어졌습니다. 바로 그 우표가 민동이에게 준 것이니까요!

3 잠자러 가는 해

수철이는 집에 돌아오자마자 우표 책을 뒤져 확인을 해 봤지만 역시 아버지가 말한 그 우표는 없습니다. 필통에 눈이 멀어 무심코 민동이에게 줘 버린 그 우표가 우리나라 최초의 우표였다니!

"으이! 필통이 원수다, 원수야!"

분명히 그 우표는 매우 귀하고 값도 비싸겠지요. 그런 우표를 한낱 필통과 바꿔 버리다니요. 그게 아무리 예쁘고 고급스러운 필통이라고 하더라도 말입니다.

"우주 안에 음기와 양기가 운동하는 것을 그림으로 그린 것이 바로 태극기지."

백범 광장에 다녀온 뒤로 아버지는 수철이만 보면 태극을 가르치려 합니다. 정작 수철이는 태극 이야기가 나올 때마다 우표 생각 때문에 가슴이 덜컥 내려앉는데 말이에요.

"아, 태극기에 그런 의미가 있었군요. 배가 살살 아픈데 전 잠시 화장실 좀……."

"우주가 곧 태극이란다. 우주 안에 해와 달이 함께 있어서 번갈아 운동하는 모습이 바로 태극 그 자체이니까. 이처럼 우주의 모든 것들은 순환을 반복하는 것이란다."

"먹으면 싸야만 하는 순환도 태극이 운동하는 원리인가요?"

"그렇지. 화장실에 가 보렴."

수철이는 부리나케 화장실에 달려 가 변기에 털썩 앉았습니다. 이러다 언젠가는 우표 책을 들고 오라는 날이 분명히 올 것만 같습니다. 수철이는 머리를 긁적대다가 고개를 들었습니다. 화장실 벽에 아래와 같은 글귀가 붙어 있었습니다.

움직임이 지극하면 고요해지고

고요하여 음을 낳고
고요함이 지극하면 다시 움직인다.

수철이의 고개가 바닥까지 늘어졌습니다. 이젠 화장실에서도 우표 생각에서 벗어날 수가 없으니까요. 퍼뜩 고개를 다시 들어 글귀를 가만히 들여다보다가, 또다시 글귀를 노려봤다 쓰러졌다 하기를 한동안 반복했습니다. 마치 온몸을 늘어뜨리고 지극히 고요해졌다가, 퍼뜩 고개를 들고 글귀를 노려보며 움직임을 다했다가 하는 식으로 말이죠. 결국엔 아무 일없이 화장실을 나오긴 했지만요.

저녁밥을 일찍 먹고 수철이는 소화도 시킬 겸 아버지와 함께 한강 둔치를 걸으러 나왔지만 여전히 마음은 무겁습니다. 마치 63빌딩에 걸려 있는 저 태양처럼 말이지요.

"태양이 무거워 보여요."

"응?"

"저기 63빌딩에 걸려 있는 태양 말이에요. 무거워서 하늘에서 밀려나는 것처럼 보여요."

'마치 우표를 떠나보낸 제 마음처럼' 이라는 말은 속으로만 꾹

꾹 눌러 삼켰습니다. 아침에 남산에 가서 본 태양은 통통 튀는 공처럼 가벼워 보였는데, 지금 서쪽 하늘에서 지고 있는 태양은 아침에 보았던 것보다 훨씬 더 크고 무거워 보입니다.

"우리 수철이 마음이 무거운가 보구나. 네 마음이 무거우니 하늘에 있는 태양도 무거워 보이는 게지. 허허허."

수철이는 아버지가 자기의 마음을 꿰뚫어 본 것만 같아 부끄러웠습니다. 혹시 뭐가 근심이냐고 물을까 봐 얼른 철학 담화로 화제를 돌립니다.

"낮에 말한 태극 이야기요, 지는 해를 보니 조금 이해할 수 있을 것 같아요. 하루 종일 지구를 비춰 주던 태양이 이제 피곤해서 고요하게 쉬러 가는 것 같거든요."

"그렇게 생각할 수 있지. 그런데 실제로는 우리가 살고 있는 지구가 스스로 한 바퀴 도는 과정에서, 아침에는 해가 뜨는 것으로 보이고 지금은 해가 지는 것으로 보이는 것이란다."

"아빠도 참, 그 정도는 저도 안다고요. 과학 시간에 배웠으니까요. 하지만 철학자 주돈이는 이 지구가 운동을 끝내고 고요히 쉬는 시간에 접어든다고 설명했잖아요. 전 주돈이처럼 말해본 거라고요! 에헴."

아버지는 그런 수철이가 기특한지 크게 웃었습니다.

"그래, 맞다. 지금 우주는 고요한 상태에 접어들었다고 할 수 있지. 고요하다는 말이 뭔지 아니?"

"당연하죠. 고요하다는 건 조용하고 평화로운 걸 말하는 거죠? 이를테면 밤처럼. 낮에는 태양인 양기가 활동을 했으니, 이제는 음기인 달이 고요히 떠오르겠지요!"

"우리 아들이 주돈이가 다 된 것 같구나. 조금 있으면 달이 보일 텐데. 달이 뜰 때까지만 걷다가 들어갈까?"

"좋아요, 아빠."

우표 얘기를 피하기 위해 다른 화제로 돌리며 그저 평소에 관찰하고 느낀 대로 말하였을 뿐인데, 수철이는 정말 주돈이가 된 것 같았습니다. 우주 안에 있는 모든 것들이 정말 이와 같은 방식으로 존재하는 것일까요?

철학 돋보기

주돈이는 우주 근본을 《주역》에서 따온 '태극'이라 주장합니다. 그러면서 여기에 '무극(無極)'이라는 개념을 덧붙입니다. '무극이태극(無極以太極)'이라는 말은 무극이 곧 태극이라는 뜻입니다. 무극은 끝이 없다는 뜻이고, 태극은 매우 큰 끝이면서 그 끝이 없다는 뜻입니다. 바로 우주를 두고 하는 말이겠지요. 우주는 우리가 생각하는 '크다' 혹은 '끝'이라는 개념을 훨씬 뛰어 넘는다는 것입니다.

주돈이의 '태극도설'은 '무극이면서 태극이다.'는 문장으로 시작합니다. 모양도 없으면서 무한한 우주의 형성 원리를 설명해 주는 대목입니다. 태극이란 자연의 이치를 일컫는 말이지만 사실 우주 근원을 딱 집어 무엇이다, 어떻다 하며 정의할 수는 없습니다. 그래서 주돈이도 만물 원리를 태극이라 칭했겠지요.

처음에 태극이 있고, 태극이 움직이거나 고요히 있음에 따라 양(陽)이 발하거나 음(陰)이 발하게 됩니다. 그리고 여기서 오행(五行), 곧 화(火), 수(水), 목(木), 금(金), 토(土)가 생겨나며 이것을 재료로 하여 인류와 만물이 생깁니다. 따라서 만물은 종류가 대단히 많지만, 거슬러 올라가면 그 근본은 태극이라는 하나의 근원으로 모아 집니다.

그렇다고 태극은 결코 인간과 만물 위에 존재하는 것이 아닙니다. 태극은 인간과 만물 속에 있으며, 우리 모두는 스스로 태극을 갖고 태어났습니다. 그러므로 만물에는 제각기 하나의 태극이 있으며, 만물을 떠나서 태극이 있는 게 아닙니다.

철학 돋보기

태극기

'태극기(太極旗)' 는 1883년(고종 20년)에 조선의 국기로 채택되었고, 1948년부터 대한민국 국기가 되었습니다.

국기 제정에 관한 논의는 1876년(고종 13년) 1월에 처음 거론되었습니다. 운요호 사건을 계기로 한 · 일 간에 강화도 조약 체결이 논의될 때, 일본 측에서 "운요호에는 엄연히 일본의 국기가 게양되어 있었는데 왜 포격을 가하였느냐?"고 트집을 잡았습니다. 하지만 당시 조정의 인사들은 국기가 무슨 의미와 내용을 지니고 있는지를 몰랐습니다. 이 사건을 계기로 국기를 제정하는 일이 필요하다는 이야기가 시작했습니다.

이전에는 1882년 8월 9일 특명전권대사 겸 수신사인 박영효가 인천에서 일본 선박 메이지마루를 타고 일본으로 갈 때 태극사괘를 창안 및 도안했다는 것이 정설이었습니다. 하지만 당시 일본에서 발행하던 일간신문 〈시사신보〉에서 자세한 내막이 드러났습니다. 〈시사신보〉의 보도에 따르면, 당시 중국 청나라의 마건충이 청나라 국기를 본받아 조선의 국기를 만들라고 강요했다고 합니다. 이에 분개한 고종이 청나라 기를 따르지 않고 청색과 적색으로 이루어진 태극원과 사괘를 그려 국기로 정한다는 명을 내렸다고 합니다. 여기서 박영효는 고종의 명을 받아 태극기를 그리는 역할을 했던 사람이라고 보도되었습니다.

태극기 모양의 의미는 다음과 같습니다.

1. 흰색 바탕 : 밝음과 순수, 전통적으로 평화를 사랑하는 민족성을 나타냅니다.

2. 태극 문양 : 태극문양은 음과 양의 조화를 상징하며, 우주만물이 상호작용에 의해 생성 · 발전하는 자연의 진리를 형상화한 것입니다.

3. 건(乾) · 곤(坤) · 감(坎) · 리(離) 4괘 : 음과 양이 서로 변화 · 발전하는 모습을 효(爻)의 조합을 통해 구체화 한 것입니다. 이중 건(☰)은 하늘을, 곤(☷)은 땅을, 감(☵)은 물을, 리(☲)는 불을 상징합니다.

이와 같이 만들어진 태극기는 도형의 통일성이 없어서 4괘와 태극과 양의(兩儀, 음과 양)의 위치를 혼동하여 사용해 오다가 1948년 대한민국 정부수립을 계기로 국기의 도안과 규격이 통일되었습니다.

2

음양과 오행이 우주를 이루다

1. 음양의 조화, 어머니와 아버지
2. 하늘의 도리와 땅의 도리
3. 우리 삶도 순환이예요

"사람이나 만물에나 모두 태극의 도(道)가 있고 음양오행이 교차하여 존재한다."

– 주돈이 '태극도설'

1 음양의 조화, 어머니와 아버지

보름달이 떠 있습니다. 곧 개학이라는 게 실감이 나지 않아 수철이는 거실 창문을 열어 놓고 하염없이 달만 바라봅니다. 얼마 전 아버지와 함께 한강 둔치를 걸으며 주돈이의 철학을 이야기했던 까닭인지 둥근 달이 새삼스럽게 달라 보입니다.

"수철이 아직 안 자니?"

약주를 하느라 조금 늦게 들어 온 아버지가 거실에 있는 수철이를 보고 말합니다. 요즘 회사에서 일이 많다고 하더니 얼굴이 많이 피곤해 보입니다. 어머니는 얼굴이 발간 아버지를 보고는 입이 잔뜩 부어 양복 웃옷과 가방을 챙겨 휑하고 안방으로 들어갑니다. 수철이는 오랜만에 소파에 기대어 앉은 아버지의 어깨를 주물러 드렸습니다.

"아들아, 오늘 달이 밝구나. 딸꾹!"

"네, 저도 아까부터 달을 넋 놓고 보고 있었어요. 근데 한 가지 이상한 게 있어요."

"하하, 세상엔 이상한 일이 참 많지만 알고 보면 다 음양이 조화를 이루는 것이니 걱정하지 말거라. 엄마가 저기서 아빠에게 눈을 치켜뜨고 있어도 두려워하지 말고……. 끅!"

수철이가 돌아다보니 아버지 말대로 어머니는 안방 문가에 기대서서 아버지를 무섭게 노려보고 있습니다. 어서 들어와 잠이나 주무시지요? 하는 눈빛으로요.

"아버지, 아무래도 지금은 주무시는 게……."

"괜찮다, 괜찮아. 엄마아빠 음양의 조화가 완벽해서 괜찮아요. 딸꾹! 우리 수철이한테도 태극도를 한 번 보여 줘야……."

또 우표 얘기를 할까 봐 수철이는 얼른 아무 질문이나 내뱉습니다.

"아빠, 궁금한 게 있는데요, 우주는 음기와 양기라고 하는 에너지로 이루어져 있다고 하셨잖아요? 양기는 이해가 되는데, 음기는 도대체 이해가 안 돼요. 움직임이 쉬는 동안 왜 에너지가 있어야 해요?"

"쉰다는 건 기운이 아예 없는 죽음을 의미하는 것이 아니란다. 아버지도 지금 회사 일을 마치고 돌아 와 쉬고 있지만, 이건 또 내일 하루 열심히 일하기 위한 휴식이잖니."

"아빠가 약주 기운에 오늘 잠을 푹 잔다면, 그건 내일 더더욱 활기차게 일을 하기 위해서군요."

"바로 그거란다. 우주의 쉼은 곧 음기가 나타난 것이고, 이 쉼이 끝나면 다시 움직임이 시작되면서 양기가 나타나는 거지. 근데 정작 음기를 타고 난 네 엄마는 아무래도 이러한 원리를 잘 이해하지 못 하고 있는 것 같구나."

수철이는 다시 안방을 돌아보고 고개를 끄덕끄덕 합니다. 어머니는 한 치의 움직임도 없이 그 자세, 그 눈빛 그대로 부자간의 대화를 듣고 계셨거든요.

"다 옳은 말이에요. 그럼 회식 자리에서 그렇게 양기를 누리고 들어 왔으니 이젠 빨리 씻고 음기로 좀 접어드시죠?"

"그래, 수철아. 아무래도 나는 이제 양기를 접고 음기를 따라야 할 때 같다. 딸꾹!"

우주라는 것은 마치 거대한 자석 같다고 생각하는 수철이입니다. 자석에 N극과 S극이 있듯 어두움과 밝음이 번갈아 가면서 하루, 한 달, 사계절 일 년을 이루니까요. 수철이는 그런 자기 생각이 맞는지 확인 받고 싶어서, 끙끙대며 몸을 일으키는 아버지에게 마지막으로 물어 봅니다.

"아빠, 그럼 우주 안의 모든 만물이 다 음양으로 이루어진 건가요? 자석도 N극과 S극이 있는 것처럼?"

"그렇지, 그렇지! 끅! 남자가 있으면 여자가 있고, 하늘이 있으면 땅이 있고, 북쪽이 있으면 남쪽이 있고, 위가 있으면 아래가 있고, 홀수가 있으면 짝수가 있고, 뜨거움이 있으면 차가움이 있고, 흥할 때가 있으면 망할 때도 있고, 가뭄인 때가 있으면 홍수가 날 때도 있고……. 딸꾹!"

"당신 혹시, 그 일 때문에 속상해서 마신 거예요?"

어머니가 한층 누그러진 말투로 아버지께 물었어요. 눈치 빠른 수철이는 '그 일'이 무언지 궁금해집니다. 그냥 기분 좋게 마시고

온 건 줄 알았는데, 무슨 속상한 일이 있어서 약주를 하셨나 싶어 슬며시 걱정도 됩니다. 아버지는 잠시 슬픈 표정을 짓더니, 곧 아무렇지 않게 활짝 웃으며 수철이에게 말합니다.

"수철아, 며칠 내로 아빠랑 바다나 갈까?"

바다란 말에 수철이 머릿속은 단번에 하얀 백지가 됩니다. 가슴이 벅차오르는 그 제의를 거절할 이유는 아무것도 없지요. 방학도 다 끝나 가는데 바다라니, 수철인 난데없이 횡재한 기분에 얼른 대답합니다.

"네! 바다 갈래요!"

"좋았어! 바다로 출발! 딸꾹!"

"여보?"

"응?"

"참는 때가 있으면 폭발할 때도 있겠지요? 음양의 조화대로."

어머니가 무시무시한 의미의 마지막 경고를 하자 아버지는 얼른 널브러져 있던 몸을 일으켰습니다.

"딸꾹! 수철아, 너도 어서 고요한 쉼에 접어들……."

비틀비틀 거실을 가로 지르던 아버지는 말을 다 마치기도 전에 어머니께 낚아채어져 안방으로 끌려 들어가고 맙니다. 수철이는

아버지가 부디 고요한 쉼을 누리길 바라며 제 방으로 갑니다. 아버지가 약속한 바다에 가는 여행이 과연 언제가 될지는 모르겠지만, 어쨌든 수철이는 오늘밤 바다에 가는 꿈을 꾸길 바라며 들뜬 맘으로 잠을 청합니다.

2 하늘의 도리와 땅의 도리

'수철아, 요번 주말에 축구하러 올 거지?'

"요번 주말에?"

'응. 지금까지 매 주 나왔잖아.'

"음, 호진아, 민동이도 데려 가면 어떨까?"

'민동이? 너랑 같은 보습학원 다니는 공부벌레?'

"에이, 나도 처음에는 재미없는 모범생 인줄만 알았는데, 친해져 보니 뭐……, 착하고 좋은 애더라고. 걔도 우리랑 같이 축구하면 좋을 거 같은데."

'그래, 그럼. 대신 그 녀석은 골키퍼다.'

"좋아!"

호진이와 전화를 끊은 수철이 입가에 미소가 번집니다. 민동이와 함께 축구할 생각을 하니까요. 요즈음 수철이 단짝은 다름 아닌 민동이입니다. 늘 호진이와 붙어 다니던 수철이가 언제부터 민동이와 친해지게 되었을까요? 네, 우표와 필통을 바꾸었던 바로 그 날 부터입니다.

평소에는 늘 일등을 차지하는 공부벌레 민동이를 얄밉게만 생각했던 수철이는, 그 일을 계기로 틈틈이 이야기를 나누어 보니 민동이가 정말 순수하고 착한 친구라는 것을 알았답니다. 수철이가 모르는 수학 문제도 알기 쉽게 가르쳐주고요. 이런 친구를 왜 그동안 멀리 했을까 싶기도 했지요. 요즘은 호진이보다도 민동이와 어울리는 시간이 더 많아졌으니까요.

수철이는 집에 오자마자 민동이에게 전화를 걸었습니다. 주말에 축구하러 가자고 말하면 민동이가 얼마나 기뻐할까 기대하면서요. 아니, 그런데 이게 웬일인가요?

"성경공부를 해야 된다고?"

'응. 나도 정말 축구를 하고 싶지만, 주말에는 성경공부를 하러 가는 걸.'

"너는 무슨 애가 주말까지 공부를 하고 그러냐? 대체 뭘 배우는 건데?"

'사람이 어떻게 생겨났는가 하는 건데, 성경에 보면 하느님께서 흙으로 남자를 만들었고 남자 갈비뼈를 하나 뽑아서 그것이 여자가 되었다고 나와.'

"응, 그래, 그런 걸 배우는구나."

"너도 같이 나와서 공부할래? 굉장히 재밌어."

"아니, 나는 별로……, 주말까지 공부에 시간을 보낼 생각은 없어서."

"그래, 그럼 생각 있으면 언제든 얘기 해."

"그래, 알았어. 아니, 그게 아니잖아. 너 그럼 우리랑 같이 축구 못 한다는 거야?"

"응, 미안. 다음에 꼭 같이 한 번 뛰자."

수철이는 힘없이 수화기를 내려놓았습니다. 민동이 녀석. 공부하느라 축구를 포기하다니……. 저런 녀석이야말로 의지의 한국인, 정말 대단한 친구 아닙니까?

그런데 정말 듣고 보니 사람은 어떻게 생겨난 건지 궁금합니다. 민동이 말대로 서양의 성경에선 흙으로 남자를 만들고, 그의 갈빗대를 뽑아 여자를 만들었다고 하는데, 동양에선 어떻게 이야기하는지 수철이는 문득 궁금해졌습니다. 그래서 아버지가 퇴근하자마자 물어봅니다.

"주돈이가 말하는 태극도설에서는 무극의 참다움과 음양오행의 정교한 본바탕이 묘하게 합하여 사람이 되었다고 알려 준단다."

아니, 이렇게 말씀하시면 대체 누가 알아들을 수 있을까요!

"네에? 그게 무슨 말이에요? 너무 어려워요."

"음……, 그러니까 다시 말해, 끝없는 우주의 참다운 기운과 음양과 오행이라는 핵심 요소가 모여 사람이 된 거야. 옛 동양 사람들은 하늘의 기운이 남자가 되고 땅의 기운이 여자가 된 것으로 믿어 왔어. 그래서 주돈이는 건도(乾道)로는 남자가 되고 곤도(坤道)로는 여자가 된다고 했단다."

"아무래도 주돈이는 갈수록 태산이 아니라 갈수록 태극 같은 철학자군요. 건도는 뭐고 곤도는 또 뭐예요?"

아버지께서는 이마의 땀을 닦으며 차근차근 설명해 주었습니다.

"하늘 건(乾), 도리 도(道)인 건도, 땅 곤(坤), 도리 도(道)를 곤

도라고 한다. 하늘의 기운을 대표하는 것이 남자고, 땅의 기운을 대표하는 것이 여자라는 말이지."

"남자는 하늘, 여자는 땅, 이런 말인가요? 요즘 어디 가서 그런 말하면 목숨이 위태로워지는 사태가 벌어질지도 몰라요."

"하하. 그건 남자가 잘났고 여자가 못하다는 게 아니야. 땅이 없으면 하늘이 있을 수 있겠니? 또 하늘이 없으면 땅도 없겠지. 그런 하늘과 땅처럼 남자, 여자도 서로 상대적인 관계지."

수철이는 무언가 생각이 난 듯 피식 웃었습니다. 이제야 조금 이해가 되는 모양입니다.

"아하! 그래서 엄마는 땅하고 친하고 아빠는 하늘하고 친하군요?"

"그게 무슨 말이냐?"

"아빠는 시간만 나면 등산하러 가서 하늘을 쳐다보고, 엄마는 시간만 나면 걸레 빨아서 반질반질 방바닥을 닦잖아요."

"이 녀석아, 아빠도 자주 도와주는데 뭘 그래?"

아버지는 멋쩍은 듯 헛기침을 하며 이마의 땀을 다시 닦았습니다. 어머닌 아무렇지도 않은 표정으로 평소처럼 주방에서 저녁 준비를 하고 계셨죠. 아버지는 괜스레 집안 곳곳을 기웃거리며 요새 먼지가 좀 쌓였네 하더니, 곧 팔을 숭숭 걷어붙이고 걸레를 가져

와 여기저기 닦기 시작합니다. 그런데 그게 참, 어색합니다.

전 어머니 곁에 슬쩍 다가가 물었습니다.

"이래서야 건도가 어지럽혀지는 거 아닌가요?"

"응? 무슨 말이냐?"

"아빠가 걸레질을 하는데요?"

"그러게. 결혼 십오 년 만에 이런 일은 또 처음이구나."

풋 하고 의아한 웃음을 짓는 어머니에게 수철이는 어깨를 으쓱 하며 한 마디 던집니다.

"하늘의 도리를 다하시려는가 보죠, 뭐."

3 우리 삶도 순환이예요

그 날 이후 수철이 아버지는 퇴근 뒤에도 조금 바빠졌습니다. 워낙은 그러지 않았는데, 집안 청소며 설거지를 돕느라고요. 어머니도 아버지 보기가 어색한지 한 마디 합니다.

"여보, 그렇게 날마다 걸레질 하지 않아도 돼요."

"아니, 난 당신을 도와주려고……."

"일주일에 두어 번 정도면 충분해요."

"허허, 그런가? 그럼 난 씻으러 이만……."

하며 아버지가 금세 씻으러 들어가자, 어머니는 냉장고에서 과일을 꺼내 깎기 시작합니다. 수철이는 어머니 곁에서 접시 꺼내는 일을 돕습니다.

"요새 네 아버지 왜 저런다니?"

난 능청스레 되물었습니다.

"아빠가 왜요?"

"집안일에는 관심도 없던 양반이 요즘은 퇴근만 하면 걸레질을 하지 않나 빨래를 널지 않나……."

"아빠가 일을 도와주니 엄마도 좋잖아요?"

"좋기야 좋지."

"헤헤, 이게 다 제 덕분이라고요."

"니 덕분이라고?"

수철이는 자랑스럽게 고개를 끄덕입니다.

"물론이죠. 엄마는 날마다 집안일을 하느라 쉬지도 못 하는데, 아버지는 주말이면 혼자 산으로 놀러 가잖아요. 그래서 제가 아버지께 하늘의 도리를 다하라고 한마디 해드린 거라고요."

"오호, 수철이에게 그런 깊은 뜻이 있었구나."

어머니는 그제야 알겠다는 듯 미소를 지었어요.

"하지만 수철아, 네 아버지가 등산을 좋아하는 건 우리가 이해해야 한단다."

"무슨 이유가 있는 거예요?"

"수철이 IMF라고 들어 봤니?"

"아, 들어 봤어요! 뭔지는 잘 모르지만 우리나라가 아주 힘든 시기였다고요."

"그래. 수철이가 어렸을 때 우리나라는 IMF를 겪었었지. 그게 1997년쯤이니까, 수철이가 두 살 때구나."

"정말 제가 아기였네요!"

"그래. 그때 우리나라가 국제통화기금의 통화관리체제로 들어갔었지. 우리나라가 빚을 많이 지다 보니, 다른 기구에게 경제운영을 맡기게 되었던 거야. 그때 많은 사람들이 일자리를 잃었고 너희 아버지도 회사를 그만두게 되었어. 당장 널 어떻게 키워야 할지도 막막했고……."

어머니의 눈가가 촉촉하게 젖어들기 시작했습니다. 마치 어머니 눈망울에 그 당시 힘들었던 순간들이 파노라마처럼 그려지고 있는 것 같았습니다.

"정말 힘들었지. 그때부터 네 아버지는 산에 오르는 일이 부쩍

많아졌단다. 산에 올라 가 높은 하늘과 넓은 대지를 바라보면 무거운 마음이 조금이나마 가벼웠던 거야."

"전 우리 식구에게 그런 일이 있었는지 전혀 몰랐어요."

"넌 당연히 모를 수밖에 없지, 하하. 이런 얘긴 수철이가 이제 다 커서 아빠를 이해할 나이가 되었으니 말해 주는 거야. 아빠가 수철이 생각을 하면서 버티신 거, 그렇게 버텼기 때문에 비록 작은 회사였지만 다시 일자리를 얻을 수 있었다는 거, 그래서 지금까지 왔다는 거. 아빠는 그저 여유를 즐기고 싶어서 등산을 다니기 시작하신 게 아니야."

언제나 강해 보이기만 하던 아버지에게 그런 아픈 시간이 있었다는 걸 알게 되자, 수철이는 울컥해졌습니다. 샤워를 하고 나오는 아버지 입에 사과 한 조각을 넣어 드렸습니다.

"많이 드세요, 아버지."

"허허, 그래. 당신도 여기 앉아서 좀 같이 먹어요. 설거지는 내가 이따가 할 테니까."

"수철이한테 다 들었어요. 아들한테 잔소리 좀 들었다면서요?"

"허허, 그러게 말이요. 나도 수철이 말을 듣고 뜨끔했지 뭐요? 그동안 내가 당신에게 궂은일은 다 맡긴 것 같아서 말이요. 앞으로는 설거지도 많이 하고 방도 닦고 베란다 물청소도 깨끗이 하도록 노력하리다."

수철이는 왠지 아버지에게 사과를 해야 할 것 같은 생각이 들었습니다. 방금 한 조각 드렸던 먹는 사과 말고, 죄송한 마음에 드리는 사과 말이에요.

"아빠, 죄송해요."

"뭐가?"

"그냥……, 왠지 죄송해요."

"수철아."

"네?"

"넌 어떻게 태어났지?"

"음, 엄마아빠가 음양의 조화를 이루어서 태어난 거 아니에요?"

"그럼 수철이가 아빠, 엄마에게 어떤 존재일까?"

"세상에 둘도 없는 보물이겠죠."

수철이는 대답 대신 아버지의 목을 꼭 껴안았습니다. 수철이가 어머니, 아버지의 보물인 것처럼 어머니, 아버지 역시 수철이의 둘도 없는 보물이니까요.

아버지는 수철이를 안은 채 귓가에 대고 나지막이 속삭였습니다.

"감동이구나, 둘도 없는 우리의 보물 수철아. 근데 네 방 서랍에 가득한 그 필통들 좀 어떻게 할 수 없겠니?"

"아빠, 그건 저한테 둘도 없는 보물이라 어쩔 수가 없겠네요."

"둘도 없다! 이상하구나. 두 개는 넘어 보이던데."

"만물이 하나의 태극의 움직임에서 비롯되듯이 저한테도 그 모두가 하나로 다가오거든요."

"하하. 내가 호랑이를 키웠다."

아버진 껄껄 웃으며 수철이 머리를 쓰다듬었습니다.

철학 돋보기

우주는 아침이면 해가 떠오르고 저녁이면 달이 뜨듯이 양기와 음기가 번갈아가며 운행합니다. 마치 자석에 음극이 있으면 양극이 있듯이 어두움과 밝음이 번갈아 가면서 하루를 이루는 것이죠. 이 하루가 모여 한 달을, 한 계절을, 그리고 한 해를 이루게 됩니다.

주돈이는, 음양은 우주의 두 기본 원리 또는 힘이며 끊임없이 작용하지만 동시에 영원히 대립한다고 주장합니다. 음양의 두 원리가 자연현상에서 어떻게 나타나는지 보면 다음과 같습니다.

양 맑음, 따뜻함, 건조함, 딱딱함, 시끄러움, 남자, 하늘, 해, 남쪽, 위, 홀수

음 어두움, 차가움, 습함, 부드러움, 조용함, 여자, 땅, 달, 북쪽, 아래, 짝수

주돈이는 음기와 양기, 두 기운이 서로 어떤 느낌을 받아 마음이 움직여 만물을 변화시키고 생성한다고 주장했습니다. 그런데 이 활동은 단순히 움직이는 것만으로 구성되지는 않습니다. 조용히 멈춰 있음을 동양철학에서는 정(靜)이라고 하는데, 문자 그대로 '고요함' 이란 뜻입니다.

예부터 사람들은 조용히 앉아서 잡념을 가라앉히는 습관을 취하였습니다. 그 대표적인 것이 정좌입니다. 정좌는 정신을 가라앉혀 올바른 생각과 도리를 모으기 위해 취하는 자세입니다. 삼국지에 나오는

제갈량은, 군자의 행실은 고요함으로 몸을 닦고 검소함으로 덕을 기른다고도 했습니다.

움직임인 양기와 고요함인 음기는 서로에 대한 원인입니다. 움직이면 고요해지고, 고요하면 움직임이 있게 됩니다. 즉 움직임과 고요함은 하나의 고리로 이어져 있어서, 움직임이란 고요함을 전제로, 고요함은 움직임을 전제로 합니다. 따라서 고요함이나 움직임은 그 자신만으로 있는 것이 아니라, 서로 작용하는 가운데 상대적으로 있는 것이라고 할 수 있습니다.

또한 주돈이는 하늘의 기운이 남자가 되고 땅의 기운이 여자가 된다는 사상을 수용하였습니다. 하늘 건(乾)에 도리 도(道)를 써서 건도(乾道)로는 남자가 된다고 주장하였고, 땅 곤(坤) 에 도리 도(道)를 써서 곤도(坤道)로는 여자가 된다고 했습니다. 이는 예로부터 동양에서 전해 내려오던 사람들의 믿음에서 온 것입니다.

3

사람은 만물의 영장

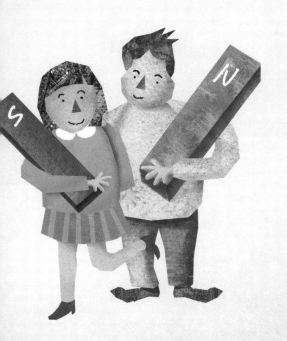

1. 물놀이가 아니었잖아?
2. 우주의 원소는 어머니?
3. 자연을 닮는 것이 최선

"밤과 낮이 교대로 운행되듯이 한 번은 음(陰)하고 한 번은 양(陽)하며 오행(五行)이 교차하여 운행하는 가운데 사람은 가장 우수한 것을 얻어서 된 것이다."

– 주돈이 '태극도설'

1 물놀이가 아니었잖아?

"엄마 없이 우리 둘만 놀러 가니까 기분이 좀 이상해요."

"좋다는 뜻이냐, 싫다는 뜻이냐?"

"좋다는 뜻이죠! 헤헤, 사나이끼리 하루 종일 낚시를 하면서 재밌게 놀 수 있잖아요."

"녀석도 참!"

아버지는 껄껄 소리 내며 웃으십니다. 아버진 바다에 가자고 한 약속을 지키고 계십니다. 보조석에 앉아 창밖에 한 팔을 척 내밀고 바람을 맞는 수철이는 날아갈 것 같은 기분입니다. 하늘은 수철이의 기분만큼이나 쾌청하고, 뜨거운 태양 볕마저 반갑습니다. 날이 더울수록 바다에서 노는 재미도 있는 법이니까요. 수철이는 조금이라도 더 빨리 바다를 보고 싶은 마음뿐입니다.

"이번에 가면 우리는 민박집에서 묵게 되나요? 아니면 텐트?"

"아, 이번에는 정배 아저씨네 집에서 지내게 될 것 같다."

"정배 아저씨요?"

정배 아저씨는 아빠의 친구 분입니다. 배를 타고 바다에 나가 고기를 잡는 어부이신 정배 아저씨는 가끔 수철이네 집으로 싱싱한 오징어와 조개 같은 해산물을 보내주곤 하십니다.

"와! 그럼 이번에 정배 아저씨를 졸라서 배도 태워달라고 해야겠어요."

"그럴 시간이 있을는지 모르겠다."

"아니, 왜요?"

"정배 아저씨가 이번 홍수로 수해를 입었거든."

"네에? 어쩌다가요?"

"수철이 너도 뉴스에서 봤잖니. 지금 정배네 마을이 홍수 때문에 난리가 났어."

뉴스에서 봤던 바닷가 마을의 참담한 모습이 어렴풋이 스쳐지나 갑니다. 태풍을 동반한 홍수 때문에 파도가 방파제를 넘어 마을까지 들이닥쳤던 사건이었지요. 수철이는 설마 하는 심정으로 아버지에게 묻습니다.

"지금 우리가 그 마을로 가고 있다는 말씀이세요?"

"그렇지. 이제 거의 다 와가는구나. 저기 바다가 보인다."

수철이는 창문을 내리고 바깥을 쳐다봅니다. 짭조름한 바다 냄새가 나고 있습니다. 멀리서 흰 파도를 일으키며 출렁거리는 시원한 바다의 풍경도 보이구요.

하지만 어찌된 일인지 수철이의 표정은 어두워지고만 있습니다. 지금 길가에 펼쳐진 마을의 모습 때문입니다. 정배 아저씨가 살던 마을은 어마어마했던 홍수의 흔적이 그대로 남아 있습니다. 젖은 세간들이 모조리 밖으로 나와 있는 집들, 무너져 버린 담, 홍수가 남겨두고 간 쓰레기들이 여기저기 보입니다.

"자, 내리자."

아버지는 지붕조차 떠내려가 버린 작은 집 앞에서 차를 세웁니다. 수철이는 입이 잔뜩 나온 얼굴로 차에서 내리고, 정배 아저씨와 아주머니가 마중을 나옵니다.

"정배야!"

"명식아! 아이구야, 뭐 하러 여기까지 왔노? 이래 다 엉망진창인 데를."

"니 이런 일 당해가, 내 안 오면 이기 누가 오나?"

정배 아저씨와 아버지는 서로의 등을 두드리며 반갑게 인사를 나누십니다. 고향에 와서 그런지 아버지 입에선 여느 때 안 쓰던 사투리가 마구 쏟아졌습니다. 수철이는 눈앞에 벌어진 것들을 보고 어리둥절합니다.

"어라, 수철이도 데리고 왔네?"

"아, 안녕하세요?"

"그려, 오너라 수고혔다. 방학 끝물이라 실컷 놀고 싶었을 터인디 이렇게 와 줘서 고맙구나."

"네?"

정배 아저씨는 기특하다는 듯 수철이의 머리를 쓰다듬었습니다. 수철이 머릿속은 혼란스럽기만 합니다. 사실 수철이는 '방학 끝물이라 실컷 놀고 싶어서' 이곳에 온 거니까요! 그런데 정배 아저씨의 말씀을 들으니 어째 일이 이상하게 돌아가고 있는 느낌입니다. 불길한 기운이 감도는 가운데 아니나 다를까, 아버지는 팔을 걷어붙이며 수철이를 돌아봅니다.

"자, 그럼 시작해 볼까?"

수철이가 울상이 된 건 말할 것도 없겠죠?

"수철아. 저기 수레 좀 가져온나!"

"수철아, 이것 좀 잠깐 잡고 있을래?"

"수철아, 아저씨한테 이것 좀 갖다 드려라."

"수철아, 여기 좀 와 봐라."

"수철아, 수철아!"

여기저기 온통 수철이를 부르는 사람밖에 없는 것 같습니다. 늦은 오후인데도 타는 듯이 이글거리는 땡볕이 수철이 등에 내리쬡니다. 아버지와 정배 아저씨를 도와 하루 종일 일을 한 수철이 몸에서는 쾨쾨한 땀 냄새가 납니다.

수철이는 정말 울고 싶은 심정입니다. 방학 끝 무렵의 마지막 물놀이인지라 어느 때보다도 설레는 마음으로 이곳까지 왔는데 바닷물엔 발목 한 번 담가보지도 못하고 일만 하다 가게 생겼으니, 이보다 더한 낭패가 있을까요? 아버지가 정배 아저씨네 수해복구를 도우러 오는 줄 알았더라면 절대로 따라 오지 않았을 텐데요. 하지만 후회해도 이미 늦은 일입니다.

"수철아, 힘들지?"

정배 아저씨의 따뜻한 말에도 수철이 기분은 나아지지 않습니다. 아주머니는 쟁반에 시원한 수박을 잘라 가지고 왔습니다.

"목마를 것인디, 이 수박이라도 좀 먹고 쉬었다 혀."

"안 먹을래요."

토라질 대로 토라진 수철이는 아주머니가 주는 수박도 마다한 채 자리에서 일어나 발을 쿵쿵거리며 마당을 나가 버립니다. 멀리 보이는 바닷가에서 즐겁게 해수욕을 즐기는 사람들을 보니 속상해서 눈물까지 나오려고 합니다. 아저씨가 물난리를 당한 건 안된 일이지만, 왜 괜한 수철이까지 고생을 해야 한단 말인가요? 저렇게 시원한 바다를 눈앞에 두고서도 말이에요!

"수철아, 왜 수박도 안 먹고 여기 나와 있니?"

아버지 목소리입니다. 아버지도 수철이를 따라 밖으로 나온 모양입니다.

"수철이가 물놀이를 못 해서 많이 속상한 모양이구나."

수철이는 입술만 잔뜩 내밀고 있을 뿐 대답하지 않습니다. 그런 수철이의 버릇없는 태도에 화가 날 만도 한데, 아버지께선 수철이의 마음을 달래려는 듯 따뜻하게 말을 합니다.

"아버지랑 바닷가에 산책 갈까? 더울 테니 바닷물에 발목도 좀 담그고, 해 지는 것도 함께 보자꾸나."

수철이는 못 이기는 체 아버지를 따라 발걸음을 옮깁니다. 아버지와 이야기하기는 싫지만, 그래도 바닷물에 발목이라도 담그는 게 어딘가요?

해질녘의 바닷물은 하루 종일 땡볕에 데워진 터라 시원하기보다는 미지근하게 느껴집니다. 그래도 맨발에 닿는 모래사장과 파도의 느낌이 더없이 좋습니다. 수해복구 일은 당장에 그만두고 이곳에서 실컷 수영이나 했으면 하는 마음이 듭니다.

"전 비가 싫어요."

"비가 싫다고?"

"아예 비가 오지 않았으면 좋겠어요. 그럼 수해복구 같은 거 할 필요 없고 물놀이도 즐길 수 있고, 얼마나 좋아요?"

수철이의 볼멘 물음에 아버지께서 대답합니다.

"그래, 누구나 홍수를 싫어한단다. 하지만 비가 아예 오지 않으면 어떻게 되겠니? 여름에 내리쬐는 태양을 식혀줄 비가 없다고 생각해 보렴. 농사를 망치는 건 물론이고, 수철이가 좋아하는 물

놀이도 할 수 없게 된단다."

"물놀이는 지금도 못하고 있는데요, 뭐!"

수철이가 투정부리듯 말하지만 아버지는,

"하늘에서 해와 달이 빛을 내리니까 사람들이 땅에서 살아갈 수 있잖니? 봄, 여름, 가을, 겨울, 그리고 다시 봄으로 계절도 순환을 하고 있고 말이야. 물도 마찬가지야. 공중에서 쨍쨍거리는 태양이 공기를 뜨겁게 내리쬐면 공기가 열을 받아 위로 올라가고, 거기서 찬 공기와 만나면 강한 비구름이 만들어져서 땅에 비를 쏟아 붓게 되는 거지. 이렇게 돌고 도는 순환과정이 아빠가 말했던 태극이란 거야."

"아아, 그 태극이요?"

수철이 반응은 전과 달리 태극이야기에 심드렁해 있습니다. 어차피 우표 책은 집에 있어서 여기선 우표가 없어진 걸 들킬 염려도 없거든요.

수철이는 멀리 지는 해를 바라봅니다. 수평선 너머로 지고 있는 태양은 바닷물을 주홍색으로, 하늘을 보라색으로 물들이고 있습니다. 태양은 마치 잠을 자러 가고 있는 것 같습니다.

"태양이 또 자러 가네요."

"그래, 한낮 내내 우리를 비춰 주며 열심히 일했으니 이제 고요하게 쉬어야지."

주돈이 이야기를 듣는 것은 관심 없고 수철이는 피곤하기만 합니다.

"태양도 쉬러 갔으니 저도 이제 쉬러 갈래요. 그게 자연의 이치죠?"

아버지는 허허 소리를 내며 웃습니다.

"그러렴. 녀석도 참……."

2 우주의 원소는 어머니?

정배 아저씨네 마을에 온 지도 이틀이 지났습니다. 수해복구는 해도 해도 끝이 없는 것 같습니다. 햇볕에 새까맣게 그을린 수철이 얼굴은 마치 한 덩어리 초콜릿처럼 보일 지경입니다. 그런데도 아버지는 정배 아저씨네 지붕을 다 고치기까지는 집으로 돌아갈 생각이 없어 보입니다.

수철이는 집에 가고 싶어서 못 견딜 지경입니다. 아버지 휴대전화를 빌려 엄마에게 전화를 걸어 봅니다. 어떻게든 여기서 탈출할

방법을 찾아내야 할 테니까요.

"엄마!"

〔그래, 수철이니?〕

수화기 너머로 들리는 엄마 목소리에 수철이 마음이 뭉클해집니다. 겨우 이틀 보지 못했을 뿐인데 엄마가 이렇게 그리워지다니요.

"엄마, 나 집에 가고 싶어 죽겠어요."

〔왜? 그렇게 바닷가에 가고 싶어 했잖니?〕

"말도 마세요. 전 아버지랑 낚시 하면서 즐겁게 놀 수 있을 줄 알았죠. 그런데 와 보니 아버지는 정배 아저씨네 망가진 지붕이랑 담이나 고쳐 주고, 덩달아 저는 땡볕에서 일을 하고 있다니까요?"

〔아이구, 저런……. 우리 아들이 고생 많겠네?〕

어머니 목소리를 들으니 어머니도 어쩐지 미리부터 알고 계셨다는 느낌이 듭니다. 음과 양의 조화라더니, 어머니와 아버지도 이런 일에는 어찌나 조화를 잘 이루시는지요. 주돈이 말이 이럴 때는 꼭 들어맞는 것 같습니다.

"아무튼 엄마, 전 더 이상 못 견디겠어요. 저 좀 데리러 와 주세요, 네?"

〔며칠만 더 도와드리다가 오렴. 힘들겠지만 너한테도 좋은 경험

이 될 거야.]

"좋은 경험은 벌써 실컷 했어요! 엄마, 꼭 부탁해요. 저 좀 데리러 와 주세요. 아셨죠?"

수철이는 어머니께 신신당부를 하고서야 전화를 끊습니다.

"수철아, 뭐 하니?"

"지금 가요."

수철이는 한숨을 푹 내쉬고는 아버지가 쪽으로 터덜터덜 걸어갑니다.

"엄마하고 통화했니?"

"네. 음과 양의 조화라더니 그 말이 딱 맞아요. 엄마도 아빠 편이에요."

"허허, 녀석도 참. 그 음과 양의 조화 때문에 네가 태어난 줄은 알고 있니?"

"네?"

"이 사진 한번 봐라. 복구하면서 찾은 건데, 아빠가 어릴 적에 정배 아저씨네 가족들과 다 함께 찍었던 사진이야."

아버진 오래된 액자를 내 밀었습니다. 뾰로통하던 수철이는 호기심이 동해 사진을 보고 웃음부터 흘립니다. 지금과 얼굴은 많이 다르지만 신기하게도 수철이는 누가 누군지 한 번에 알아봅니다. 앞줄에 앉아 계신 젊을 때의 할머니, 할아버지께서 손을 잡으신 채 쑥스러워하는 모습도 재미있고, 장난기 많은 막내 고모가 막내 삼촌 머리에 V자를 만들어 놓은 것도 피식피식 웃음을 자아냅니다. 한참 웃던 수철이는 이내 아빠 얼굴을 발견하고 깔깔 거립니다.

"눈을 감아 버렸잖아! 하하하!"

단체 사진을 찍을 때면 꼭 눈을 감는 사람이 하나씩 있게 마련인데, 이 사진에선 아버지인 가 봅니다.

"그나마 난 얼굴이라도 다 나왔지, 정배 아저씨 봐라."

그러고 보니 아저씨 얼굴은 큰삼촌의 커다란 머리에 가려 눈밖에 보이지 않습니다. 수철이는 배를 잡고 웃습니다. 큰 삼촌은 할아버지를 닮아 유난히 머리가 커서 늘 뒷사람을 가리곤 하거든요. 그러고 보니 할아버지, 아버지, 삼촌들, 고모들의 모습이 모두 비슷비슷해 보입니다.

"할머니는 음기, 할아버지는 양기. 두 음기와 양기가 만나고 어우러져서 아버지와 고모, 삼촌들을 낳았군요."

"수철이 말을 듣고 보니 우리 집안이 완벽한 음양오행 집안이네?"

"오행은 어떻게 생겨요?"

"음과 양의 에너지가 반응해서 만물이 생성된다고 했지? 오행은 그러한 물질을 구성하는 다섯 가지 원소라고 할 수 있지."

"오행의 '오'가 숫자 '5'인가요?"

"응. 오행이라고 하면 어렵게 생각 하겠지만, 들어 보면 수철이 너도 다 알고 있는 것들이야. 불, 물, 나무, 쇠, 흙 말이다."

"네? 그건 달력에 있는 요일들 아니에요?"

"그래, 달력에 있는 요일들도 오행에서 이름을 붙인 것이지. 양이 변화하고 음이 어우러져 화수목금토를 낳았고, 이 다섯 가지 기가 차례대로 퍼져 사계절이 운행하는 거야."

"아버지 말씀을 듣고 보니 꼭 맞는 이름 같아요."

"쉽게 정리하면 태극이 음양을 낳고 음양이 오행을 낳은 거지."

"와, 신기해요. 전 물질을 구성하는 원소로 치면 분자, 원자, 중성자, 이런 걸 말하는 줄로만 알았어요. 과학 시간에 그렇게 배웠거든요."

"수철이 네가 보기에는 무엇이 이 세상을 이루고 있는 것 같니?"

"음, 제 생각에는 엄마 같아요."

"엄마? 왜 그렇게 생각하지?"

shopping
수학나라

"엄마가 계시니까 제가 태어났고 엄마가 계시니까 밥도 먹고 잘 살고 있잖아요."

"그래, 수철이는 이 우주 원소를 어머니로 본 거야. 이 정도면 훌륭한 철학자라고 봐도 되겠는 걸? 낳고 기르는 어머니의 역할이야말로 이 우주를 이루는 가장 기본적인 힘이지."

"오호라, 제 말도 일리가 있는 건가요? 히힛."

수철이는 흐뭇한 얼굴로 가족사진을 한참 바라봅니다. 처음엔 삼촌들과 아버지 얼굴이 언뜻 다 비슷해 보였는데, 계속 보니 생김새도 성격도 각양각색인 것 같습니다. 같은 배에서 나온 삼촌, 고모, 아버지의 생김새와 성격이 모두 다르듯이, 태극에서 나온 오행도 각각 다른 성질을 가지는 가 봅니다. 태극은 수철이 말대로 우주를 이루는 어머니이기 때문입니다.

3 자연을 닮는 것이 최선

오늘은 마지막 날. 대학생 봉사단이 몇 명 도착해 노인정 보수공사작업에 매달린 끝에 저녁 늦게 일이 끝났습니다. 형들이 와서 내심 반갑긴 했지만 수철이는 속으로 조금 놀라기도 했습니다. 이 고생을 자처해가며 찾아오다니, 물놀이 가는 줄 알고 따라나섰던 수철이로선 그들의 마음가짐이 참 대단합니다. 뭐, 좋은 일이긴 하지만 말이죠.

어쨌든 덕분에 내일까지 걸렸을 일이 오늘 안에 다 끝났습니다.

힘들긴 했지만 새 집처럼 지어진 노인정을 보니 수철이도 조금은 뿌듯한 마음이 듭니다. 수철이는 완성된 노인정의 모습을 아버지의 핸드폰 카메라로 몇 장 찍었습니다. 엄마에게도 보여드리고 싶어서요. 하지만 노인정 어르신들이 가져오신 떡 상자를 보는 순간 수철이는 다시 짜증나기 시작합니다.

'더워 죽겠는데 아이스크림도 아니고 웬 백설기람.'

노인정의 어르신들은 방앗간에서 백설기 떡을 한 말이나 해오셨습니다. 뜨끈뜨끈한 백설기를 하나씩 나누어드리는 것은 또다시 수철이의 몫입니다.

겉으로는 아무 내색도 하지 않지만 수철이는 마음속으로 계속 한숨을 짓고 있습니다. 어르신들께서 뜨거운 떡을 맛있게 드시는 걸 보니 수철이까지 더워지는 것 같습니다. 수철이는 아버지께 천 원을 받아 슈퍼로 달려갑니다. 냉장고의 문을 열고 아이스크림 사이에 손을 우겨넣으니 그제야 조금 피곤이 가시는 것 같습니다.

"수철아, 떡 안 먹고 여기서 뭐하니?"

새로 온 봉사단원 중 하나인 오성이 형입니다. 누런 속옷은 땀으로 푹 젖어있는데다 코리코리한 냄새가 납니다. 그뿐인가요? 새까맣게 그을린 턱에 까칠하게 자라있는 수염. 처음 도착했을 때의

깔끔하던 인상에 비하면 이런 모습은 정말이지 믿을 수가 없을 만큼 초라해 보입니다. 형은 자신과 상관도 없는 일에 왜 이렇게 열심일까요? 아무리 생각해도 잘 이해가 되지 않습니다.

"형도 아이스크림 드실래요?"

"수철이가 내는 거야?"

"아버지가 천 원을 주셨으니까 내꺼 말고 하나 정도는 더 살 수 있어요."

"하하하, 녀석. 그럼 난 시원한 주스나 하나 사 주렴."

어르신들이 무안해 하실까 봐 떡을 먹긴 했지만 형도 덥긴 더웠나봅니다. 수철이는 슈퍼의 플라스틱 테이블에 형과 나란히 앉아 아이스크림을 먹습니다.

언제 큰 비가 왔었냐는 듯 바다의 풍경은 평온해 보입니다. 수영복을 입고 튜브를 든 사람들이 모래사장을 걸으며 웃고 있습니다. 수철이의 입에서는 자기도 모르게 한숨이 나옵니다.

"수철이가 지금 무슨 생각하는지 내가 한번 맞춰 볼까?"

수철이는 의아한 얼굴로 오성이 형을 돌아봅니다. 형은 수철이의 마음을 다 안다는 듯 빙긋이 웃습니다.

"우리 봉사단원들이 왜 자기들하고 상관도 없는 사람들을 도우러 와서 고생하고 있을까……, 그런 생각을 하고 있지?"

"에이, 아니에요."

아니라고 하긴 했지만 수철이의 가슴은 뜨끔해집니다. 형은 수철이의 마음을 어떻게 알았을까요? 수철이도 사실 궁금하긴 합니다. 형 같은 사람들은 무슨 마음으로 자신과 상관도 없는 사람들을 돕기 위해 이 멀고 험한 데까지 오는지 말이죠.

"형, 근데 형은 왜 아무도 시키지도 않은 고생을 하러 이렇게 멀리까지 온 거예요?"

"그러게? 수철인 인간이 동물과 다른 점이 뭐라고 생각하니?"

"음……. 만물의 영장인 거?"

"왜 인간을 만물의 영장이라고 할까?"

"먹이사슬 가운데 가장 위에 있어서 그렇다고 하던데요. 아닌가요? 아니면 도구를 쓸 수 있어서 모든 것을 정복할 수 있으니까 그런 것 같기도 하구요."

"수철이 말도 맞아. 그런데 형이 생각하기엔 말이야, 영장이란 말은 영특할 령(靈)에 길 장(長)을 쓰거든. 그렇다면 영특하기가 다른 동물이나 식물에 비해 으뜸이라는 말이 아닐까? 생물학에선 인간이 먹이사슬의 으뜸이라고 하지만 철학에서는 인간이 같은 동물임에도 생각할 줄 알고 지적인 활동을 할 줄 아는 걸 탁월한 능력이라고 여기거든."

"아, 생각할 줄 아는 능력! 그래서 다른 동물과 구분해서 특별히 인간이라고 말하는 거군요?"

"사람이 지적인 활동을 한다는 건 뭘까?"

"음, 에디슨처럼 발명품을 만드는 것?"

"그것도 맞고, 또?"

"또, 아, 예전에 들은 건데요, 나라에서 생활보조금을 받으며 살아오신 할머니가 평생 저축한 돈을 몽땅 고향에 있는 초등학교에 기부하고 돌아가셨대요. 그런 건 보통 동물이 생각할 수 없는, 인간만이 할 수 있는 일 아니에요?"

"바로 그거야. 자신을 희생해서 남을 돕는 선한 일은 오로지 인간만이 할 수 있어."

"역시 사람은 만물 가운데 가장 우수한 재료를 하늘에서 받은 셈이네요? 헤헤헤."

"철학자 주돈이도 수철이와 비슷하게 생각했어. 육체가 이미 생겨서 정신이 지적 활동을 하게 되면, 나무에서 인(仁), 쇠에서 의(義), 불에서 예(禮), 물에서 지(智), 흙에서 신(信)의 성품을 갖

추게 되는 거지. 즉 인의예지신! 그 다섯 가지의 오성(五性)이 감동하여 선과 악이 갈라지며 온갖 일이 나오게 된다고 말이야."

"오성의 목록을 딱 보니 오행과 관련돼있을 줄 알았어요."

"역시 눈치가 빠르구나. 오행이라는 자연의 이치가 우리 인간에게 들어와서 오성으로 드러나게 되는 것이지. 따라서 오성을 지닐 수 있는 건 이 지구상에 단 하나, 사람뿐이야. 그래서 사람만이 도덕적인 존재라고 하는 거란다."

"그런데 사람이라도 다 도덕적인 건 아닌 거 같아요. 돌아가신 아저씨나, 아까 뉴스에 나오신 할머니처럼 의롭고 도덕적인 사람도 있지만 짐승만도 못한 나쁜 일을 저지르는 그런 사람들도 있잖아요."

"만물은 무수히 다른 모습으로 이 세상에 존재한단다. 시장에 나가보면 야채, 과일만 해도 그 종류가 엄청나잖니? 설사 같은 종류라고 하더라도 똑같이 생긴 게 하나도 없지?"

"하긴 똑같은 한 무더기를 사도 이 사과는 달고 저 사과는 시고 한 경우들이 있어요."

"맞아, 그런 차이를 말하는 거야. 사람도 그와 똑같지. 성현과 보통 사람, 어리석은 사람이 있는 것도 그러한 기질의 차이 때문이야."

"제가 호진이보다 축구를 못하는 것도요?"

"호진이가 축구를 잘하니?"

"네. 제 생각에 호진이는 축구에 관해선 뭔가 타고난 것 같아요."

"그렇다면 호진이는 수철이보다 축구 기질에 있어서 보다 정교함을 받아서 난 아이인가보다."

"정교함이요?"

"자연의 기운에도 정교함과 엉성함이 있게 마련이지."

"음양오행이 엉성할 수도 있어요?"

"그런 오해의 질문이 들어올 줄 알았다. 물론 아니지. 태극의 이치 자체는 정교한 거야. 다만 어떤 존재가 자연의 기운을 받아 탄생하는 순간, 바로 그때 그 존재에게 걸려드는 기운이 정교할 수도 있고 엉성할 수도 있다는 얘기다."

"음……. 난 무엇에 대해 정교함을 타고났을까요?"

"그건 크면서 차차 알게 될 것이니라. 하하."

형은 웃으며 수철이 머리를 부슬부슬 쓰다듬습니다. 물놀이를 하던 사람들이 하나둘씩 빠져나옵니다. 정말 사람마다 기질이 다른 것인지, 똑같이 생긴 사람 하나 없이 모두 다른 생김새입니다.

수철이는 이제껏 쌍둥이나 비슷하게 생긴 사람들을 볼 때 신기하다고 생각했습니다. 하지만 지금은 쌍둥이조차 미세한 차이가 있을 정도로, 세상에 똑같이 생긴 사람이 하나도 없다는 게 신기합니다.

"이만 들어가자. 수철인 내일 올라간다며? 일찍 자야지?"

"형. 전 여기 억지로 끌려와서 억지로 일했던 건데, 그러면 인간답지 못한 건가요?"

"그렇지 않아. 앞으로 바르게 살려고 노력하면 되지. 그런 노력을 한다는 것 자체로 인간답다고 할 수 있는 거야."

그 말을 들으니 수철이는 왠지 이곳 마을에 미안한 기분이 듭니다. 이렇게 인간답게 살기 위해 노력하는 오성이 형도 있는데, 나는 이곳 사람들에게 과연 어떤 사람으로 보였을까 싶어서 말입니다.

다음날 이른 아침, 아직 조용한 시각입니다. 수철이와 아버진 마을 어귀에서 정배 아저씨와 작별인사를 합니다.

"환송회라도 해줘야 하겄는디……."

"환송횐 무신, 내가 여 대접받으러 왔나? 사람들 계속 일해야 할 건디 정신만 없다. 먼저 올라가 가뜩이나 미안헌디……. 그저 조용히 갈란다. 또 올 낀데, 뭘."

"그려. 나중에 좋을 때 또 놀러오믄, 그땐 내가 소라도 한 마리 잡아놓고 기다리고 있을 텡게. 수철이도 꼭 데리고 오구."

머리를 쓰다듬어 주는 정배 아저씨에게 수철이는 그동안 툴툴거리며 일했던 게 죄송해집니다. 어차피 일할 거 그냥 기분 좋게 할 것을 못난 놈처럼 뚱해서는 수박도 싫다, 떡도 싫다 괜스레 불평만 늘어놨던 것 같습니다.

"아저씨, 꼭 다시 오겠습니다."

"그려 그려, 수철이가 수고가 제일 많았구먼. 꼭 다시 놀러와. 그땐 아저씨가 고생 안 시키고 맛있는 거 해 줄게."

그땐 고생 안 시키겠다는 아저씨 말씀에 수철이는 더욱 더 죄송한 마음이 듭니다. 차를 타고 서울로 올라오는 동안에도 수철이는 불편한 마음에 묵묵히 창밖만 바라봅니다. 그리고 그런 수철이를 아버진 흐뭇한 눈길로 바라보십니다.

아차! 수철이가 집에 올라가면 또 다시 민동이에게 줘 버린 우표 때문에 조마조마하며 지내야 할 텐데, 참 큰일입니다.

철학 돋보기

주돈이는 무극의 참다움과 음양오행의 정교한 본바탕이 묘하게 합하여져 사람이 되었다고 했습니다. 밤과 낮, 즉 음과 양이 교대로 운행하며 오행이 교차하는 가운데 가장 우수한 것을 얻어서 된 것이 바로 인간이라고 것입니다.

하늘에 해가 있듯, 양의 기운을 받아 땅에서는 남자가 태어났습니다. 또 하늘에 달이 있듯이, 음의 기운을 받아 땅에서 태어난 존재로 여자가 있습니다. 이처럼 사람은 다른 어떤 사물보다도 자연을 가장 많이 닮은 존재입니다.

주돈이는 화(火), 수(水), 목(木), 금(金), 토(土)의 오행(五行) 원소를 물질의 기본 재료로 삼았습니다. 우리의 손가락, 발가락이 각각 5개씩이듯, 이것도 자연을 닮은 것이지요.

오행

화, 수, 목, 금, 토

오계절

봄, 여름, 가을, 겨울

오방향

동, 남, 중앙, 서, 북

오짐승

양, 닭, 소, 개, 돼지

오곡

밀, 콩, 수수, 쌀, 기장

오수

5, 6, 7, 8, 9

오색

신맛, 쓴맛, 단맛, 매운맛, 짠맛

사람이 만물의 영장이라고 하는 것은 서로 착하게 살 수 있는 덕을 갖고 태어났기 때문입니다. 자연 원소가 오행이라면 사람에게는 인(仁, 사랑) · 의(義, 정의) · 예(禮, 예절) · 지(智, 지혜) · 신(信, 신의)이라는 다섯 가지 거룩한 덕이 있습니다. 즉,

목이라는 원소의 빼어난 것을 받아 사랑의 성품인 인을 갖추고, 금

이라는 원소의 빼어난 것을 받아 정의의 성품인 의를 갖추고, 화라는 원소의 빼어난 것을 받아 예의 성품을 갖추고, 수라는 원소의 빼어난 것을 받아 지혜의 성품을 갖추고, 토라는 원소의 빼어난 것을 받아 믿음의 성품을 갖추었다는 것이죠.

주돈이는 사람들이 이처럼 덕을 가지고 있기 때문에 우주만물 가운데 가장 우수한 존재라고 주장했습니다. 사람의 마음은 가장 영묘(靈妙)하고 착한 본성을 잃지 않으며, 그러한 점에서 다른 동물이나 식물과 비교할 수 없습니다. 그래서 사람을 만물의 영장이라고 하는 것이고, 동양에서는 가장 먼저 주돈이가 이 점을 지적하였습니다.

만물은 무수히 다른 모습으로 존재합니다. 왜 그럴까요? 이 세상에 태어날 때 차이가 있었기 때문입니다. 성현과 보통 사람, 어리석은 사람, 동식물 등 무수한 차이가 있는 것은 기품(기질)이 다르기 때문입니다. 태극의 이치 자체는 정교한 것이지만, 자연의 기운이 음기와 양기로 나뉘어 운행하는 중에 정교함과 엉성함이 있게 됩니다. 또 음기와 양기가 오행을 낳고, 오행이 다시 만물을 낳는 과정에서 올바름과 치우침의 차이가 생기게 됩니다. 여기서 올바름을 얻은 것은 인류가 되고 치우침을 받은 것은 짐승과 나무와 같은 하등의 동식물이 되는 것이지요.

왜 인간이 만물의 영장이라고 하는지 이해가 되나요?

4

우주엔 태극, 사람엔 인극

1. 거꾸로 사는 뚱뚱보 금성이
2. 성인은 다름 아닌 자연을 빼어 닮은 자
3. 우표의 진실

"누구나 사람의 도리를 다하면 성인이 되는 것이다. 성인은 중용 · 정의 · 사랑 · 정의로써 표준을 정하고, 고요한 삶의 태도를 주로 하여 사람의 도리를 세운다."

– 주돈이 '태극도설'

1 거꾸로 사는 뚱뚱보 금성이

"야, 성금성! 저게 또 뺏어 먹어!"

"돼지야, 너 때문에 먹을 게 없잖아!"

"니 밥이나 먹지, 왜 매일 남의 걸 훔쳐 먹냐!"

"히히, 맛있어 보이는데 그럼 어쩌냐?"

곧 개학이라고 학원에서 다과회를 마련해 주었습니다. 그런데 선생님께서 나가기가 무섭게 금성이 때문에 교실 전체가 한바탕 난리가 납니다. 뚱뚱한 금성이가 자기 몫은 다 먹어 치우고 다른 아이들 접시에 담긴 것까지 빼앗아 먹으며 돌아다니느라 온 교실 바닥이 쿵쾅쿵쾅 울려 대거든요. 게다가 자기 걸 뺏긴 아이들의 아우성으로 복도까지 시끌벅적합니다.

수철이 접시도 금성이의 우악스런 손길이 휩쓸고 간 바람에 이미 초토화된 뒤입니다. 수철인 한숨을 푹 내쉬며 남은 과자 조각을 깨작깨작 입에 넣습니다. 허기진 배를 떡볶이 한 접시로 달래야 할 것 같습니다. 그것보다 학교에 다시 나갈 땐 급식을 시작할 텐데, 그 시간이 더 걱정입니다.

학원이 끝난 뒤, 떡꼬치를 씹으며 집으로 돌아가는 길에 수철이는 호진이네 누나 호연이가 놀이터에서 줄넘기를 하는 걸 보았습니다. 수철이는 손을 흔들며 누나에게 달려가 인사를 합니다.

"호연 누나!"

"어, 수철아?"

누나는 줄넘기를 멈추고 수철이의 머리를 쓰다듬어 줍니다.

"개학 했지? 학교 끝났니?"

"응. 누나도 일찍 끝났네? 웬 줄넘기야?"

"다이어트 중이거든."

"뭐? 다이어트? 누나가 왜? 뚱뚱하지도 않은데."

"아니야, 살 빼야 돼. 요새 아침도 토스트 한 쪽만 먹고 저녁도 굶는다고. 얼마나 노력 중인데?"

"말도 안 돼……."

요즘은 너도 나도 다이어트 열풍인가 봅니다. 아침에 신문에 끼어들어 오는 광고지만 봐도 헬스장이나 다이어트 업체에서 온 것이 대부분입니다. 그런 광고지에는 백발백중 날씬한 여자들이 훌라후프를 돌리는 사진이 실려 있습니다. 사실 다이어트라는 건 뚱뚱한 사람들에게나 필요한 것인데, 왜 날씬하고 예쁜 여자들을 모델로 쓰는지 수철이는 아리송합니다. 정작 살을 빼야 할 금성이 같은 녀석도 다이어트엔 관심이 없어 보이는데 말입니다. 점심시간에 축구를 할 때도 끼려고 한 적이 없습니다. 몸을 움직이면 땀이 나서 싫다나요?

학기 초에 교실 환경 미화를 위해 반 아이들의 어린 시절 사진을 붙여 놓은 적이 있었습니다. 그때 금성이의 사진이 큰 화제가 되었었지요. 아기 때의 금성이는 커다랗고 동그란 눈이 너무 귀여운 얼굴이었거든요. 지금 금성이는 눈코입이 살에 파묻혀서 보이지도 않는데 말이에요. 사진 속의 아기가 금성이라고는 도저히 믿을 수가 없을 정도예요. 살을 조금만 빼면 금성이도 다시 귀엽던 얼굴을 되찾을 수 있을 텐데, 금성이는 이제 포기를 해 버렸나 봅니다.

그날 저녁, 수철이는 신문 사이에서 헬스클럽 광고지를 꺼내 챙겨 둡니다. 금성이에게 가져다주기 위해서예요.

"아유, 신문에 웬 광고지가 이렇게 많이 끼어 오는 거지? 전부 다이어트 약 광고로구먼."

아버지도 답답한지 한 마디 하는군요. 수철이는 금성이에게 줄 광고지를 챙기며 맞장구를 칩니다.

"그러게 말이에요. 너도 나도 다이어트 열풍이라니까요? 우리 반 여자 애들 뿐만 아니에요. 호진이 누나도 저녁까지 굶어 가며 다이어트를 한대요."

"저런, 잘 먹고 한참 자라야 할 학생들까지 그런단 말이냐? 식사 챙겨 주느라 애쓰는 부모님들 생각도 안 하고, 쯧쯧."

"그러게 말이에요. 그래서 그런 여자 애들의 도시락은 금성이가 다 먹어 치우죠."

"금성이가 누구냐?"

"우리 반에서 제일 뚱뚱한 녀석이에요. 몸무게가 98킬로그램이에요. 그래서 금성이 어머니께서 걱정을 많이 한대요."

"사람이 자연 순리대로 살아야 하는 건데……."

"그렇죠? 순리대로 사는 게 뭔지는 몰라도 금성이는 뭔가 잘못된 것 같아요."

"자연을 닮는다는 것은 태극의 원리를 그대로 실천하며 산다는 거야. 자연스럽다는 게 뭐겠니? 자연처럼 산다는 거지. 그런데 자연은 태극의 원리로 돌아가지? 인간에게도 그게 최선의 삶이란다. 순리대로 살아야지."

"그러고 보니 금성이는 늘 반대로 살아요. 일 학기 때도 아침자습 땐 거의 꾸벅꾸벅 졸고요, 과학시간엔 내내 MP3만 듣곤 했거든요. 자기 도시락은 점심시간 되기도 전에 다 까 먹고서 점심시간엔 남의 반찬 뺏어 먹기 바쁘다니까요. 그러면서도 매점에서 군것질하느라 늘 입에 먹을 것을 물고 다녀요."

"심각하구나."

"그뿐만이 아니에요. 학원 끝나면 몰래 PC방에 가서 하루 종일 게임 하다 저녁 늦게야 집에 들어간대요. 어쩔 땐 집에 가서도 또 게임하느라 밤새고 와서 아침에 존다니까요. 날씬했을 때는 운동도 좋아하고 노래도 잘하는 활기찬 아이였다는데, 살이 찌고 나서는 좀처럼 움직이려고 하지 않아요."

"뚱뚱하다는 것 자체가 자연스럽지 않다는 건 결코 아니란다. 그런 이유로 친구를 놀리거나 따돌린다면 잘못이지. 금성이의 경우는 생활 습관이 문제인 거야. 그건 분명히 자연과 일치하지 못 하고 거꾸로 된 생활 같구나."

"그런 거 같아요. 사실 해가 뜨면 일어나고 해가 지면 잠자리에 드는 게 자연을 따르는 거잖아요? 너무나 간단한 이치인데, 금성이는 완전히 거꾸로 가고 있는 거죠."

"그래, 그런 생활습관을 고칠 수 있도록 네가 옆에서 많이 도와주렴."

"어떻게 하면 금성이를 도울 수 있을까요? 금성이 갖다 주려고 헬스클럽 광고지를 챙겨 놓긴 했는데……."

"사람은 누구나 하루 세 끼 적당량을 정해진 시간에 자기가 필요로 하는 열량만큼 먹어 주어야 해. 그게 바로 자연과 조화를 이루는 삶이란다. 그럴 때 우리는 아주 건강하게 무병장수할 수 있는 거지. 금성이가 다른 친구들 도시락을 빼앗아 먹지 않고 점심시간에는 축구를 할 수 있게 도와 주렴. 처음에는 잘 움직이려 하지 않겠지만 일단 운동에 재미가 들리면 본인도 좋아할 거야."

"그럴게요."

"그리고 다이어트를 한다는 여학생들에게도 밥 제 때 먹으라고 말해 주렴. 인터넷에서 거식증 환자들이 어떻게 되었는지 찾아보면 그게 얼마나 끔찍한지 깨달을 텐데."

"제 말이 통하지도 않을 걸요. 그 여자 애들은 모델처럼 되고 싶다고 했거든요."

"모델이 되려면 일단 키가 커야 하는데 그렇게 조금 먹어서는 키가 자라지 않을 거라고 해."

"헤헤, 그렇게 말해줘야겠어요. 아, 이러다가 제가 우리 반 담당 의사가 되겠는데요?"

"우리 수철이가 꽤 바빠지겠구나. 철학자 노릇도 해야지, 의사 선생님도 되어야지. 허허허."

수철이는 금성이와 축구 할 생각을 하니 흐뭇합니다. 금성이가 비록 몸집이 크고 느리지만 착한 아이라는 걸 알고 있거든요. 금성이가 수철이 말을 듣고 생활 습관을 고칠 수 있다면 정말 기쁠 것 같습니다. 그게 바로 자연을 닮는 친구 사이겠지요.

2 성인은 다름 아닌 자연을 닮은 자

수철이는 학원 수업을 마치고 민동이 집으로 숙제 하러 갔습니다. 혼자서는 해결하기 어려운 숙제도 민동이와 함께 하면 쉽게 이해가 되고 머리에 쏙쏙 들어오는 것 같습니다. 민동이는 공부만 잘하는 것이 아니라 마음도 착합니다. 수철이에게 아쉬운 게 있다면 축구보다 성경 공부를 더 좋아한다는 것이에요. 민동이 집에 가자마자 수철이를 놀라게 한 것은 서재였습니다. 거실은 벽 전체가 서재로 꾸며져 있습니다.

"우와, 책 진짜 많다. 한 오백만 권쯤 되니?"

수철이의 터무니없는 물음에 민동이는 웃음을 터뜨립니다.

"아니야, 한 팔백 권쯤은 되겠지만."

"팔백 권? 우와, 민동이 너 이 책들을 다 읽은 거야?"

"아니, 아직 다 못 읽었어. 내 책만 있는 게 아니라 아버지랑 어머니 책도 있으니까. 원래는 천 권이 넘었는데, 내가 읽은 책은 고아원에 갖다 줬어."

"난 이제까지 읽은 책이 오십 권도 안 되는 것 같은데, 요새는 뭘 읽고 있어?"

민동이는 책장을 살펴보더니 한 권을 꺼내 줍니다.

"4대 성인 전기?"

"응. 예수, 석가모니, 공자, 소크라테스 전기야. 아직 석가모니까지 밖에 못 읽었는데 정말 재미있어. 다 읽으면 수철이 너한테도 빌려 줄까?"

"으으, 고맙지만 됐어. 난 책이라면 질색이거든!"

민동이는 넌더리를 내는 수철이를 보고 깔깔 웃으며 책을 서재에 꼽아 넣었습니다.

민동이 집에서 숙제를 마치고 돌아오는 길에 생각해 보니 조금 후회가 들기도 합니다. 성인들의 전기를 읽으면 배울 점도 많을 텐데 괜히 거절했나 싶습니다.

현관에 아버지 구두가 있는 걸로 보아 오늘은 아버지께서 일찍 퇴근하신 모양입니다. 수철이는 이제 우표 때문에 아버지에게 혼나는 것이 문제가 아닙니다. 우표가 없다는 걸 들키면 그냥 고백하고 용서를 구해야지 싶은 마음 준비가 되었거든요! 다만 그 우표를 잃은 걸 알고 속상해 할 아버지에게 죄송해서 마음이 무거울 뿐이죠. 오히려 아버지가 일찍 오는 날은 수철이에게 행복한 날입니다. 아버지와 나누는 대화는 언제나 수철이 머리와 가슴을 따뜻하게 데워 주곤 하니까요.

"오늘은 아버지보다 수철이가 더 늦었구나."

"민동이 집에서 숙제를 하고 왔어요."

"오, 민동이라면 그 학원 친구 말이니? 네 어머니가 민동이 칭찬을 많이 하더구나. 수철이 너한테 좋은 친구가 되어 준다고."

"정말 그래요. 아마 책을 많이 읽어서 민동이가 공부를 잘 하나 봐요. 오늘 민동이 집에 갔더니 거실 전체가 서재로 되어 있었어요. 책이 팔백 권이나 된대요."

“와, 도서관이 따로 없구나. 수철이 네가 읽고 싶은 책이 있으면 민동이에게 빌려 보면 되겠다.”

“사실 오늘도 민동이가 책을 빌려 준다는 걸 거절했어요.”

“무슨 책을?”

“4대 성인 전기래요. 근데 제목이 어쩐지 좀 어려워 보여서 그냥 거절했어요. 성인은 너무 완벽한 사람인 것 같아요. 전 어차피 그렇게 되기 어려울 텐데요, 뭐.”

“그렇지 않아. 우리가 하기 나름이란다.”

“에이, 성인이 되려면 빈틈없이 살아야 되는데, 어떻게 그럴 수 있어요! 저는 신도 아닌 사람인데요.”

“성인을 너무 어렵게만 생각하니까 그렇지. 하나 예를 들어 보자. 수철이는 가끔 인품이 훌륭한 사람들을 만나게 될 때가 있지? 이를테면 지하철 계단에서 노인 분들의 짐을 들어 준다던가 하는 분들 말이야. 그런 분들을 보면 수철이 기분이 어떠니?”

“막 흐뭇해요. 저도 그런 사람이 되어야지 하는 생각이 들고요.”

“그래, 맞다. 그런 분들이 바로 성인인 거야. 주돈이는 누구나 배움을 통한다면 성인이 될 수 있다고 했단다.”

"정말요? 전 신처럼 완벽한 사람만이 성인인 줄 알았어요. 그렇다면 이 세상엔 성인이 무척 많은 거네요?"

"그래, 성인이 그렇게 많기 때문에 아직 세상은 살만한 거란다. 너희들 중에도 성인이 있을 수 있어. 꼬마 성인이라고 할까? 믿음직하고 남을 먼저 생각하는 친구가 바로 꼬마 성인이겠지."

수철이 머릿속에 떠오르는 꼬마 성인의 얼굴이 있습니다. 바로 민동이 얼굴이에요. 민동이는 자기에게 주어진 일을 열심히 할 뿐 아니라 남을 돕는데도 열심이에요. 누구에게나 친절하게 대하고요. 민동이는 아마도 아버지가 말하는 꼬마 성인인가 봅니다.

"민동이네 서재에는 원래 책이 천 권이 넘었대요. 그런데 민동이가 이미 읽은 책들을 고아원에 가져다 줘서 팔백 권만 있는 거래요. 그럼 민동이는 꼬마 성인이라고 할 수 있겠지요?"

"그렇지. 정말 착한 친구구나. 민동이처럼 사람으로서 할 수 있는 도리를 다하면 그게 바로 성인인 거란다. 우리 집에도 성인이 있을 수 있고 옆집에도 성인이 있을 수 있지."

"저도 성인이 될 수 있을까요?"

"물론이지. 우리 수철이가 성인이 못 될 이유가 어디 있겠니? 태극을 본받으면 성인이란다. 태극이 무엇인지는 이제 수철이도 잘

인극
book
word
book

알고 있지?

"그럼요. 태극은 우주의 올바른 이치잖아요."

"맞아. 태극이 우주의 올바른 이치인 것처럼 사람이 해야 할 올바른 이치를 인극이라고 하는 거지."

"태극의 인간 버전이라서 인극인가요?"

"수철아, 아무래도 넌 눈치에 있어 정교한 기질을 받아서 난 것 같구나."

"아하, 드디어 제 기질을 찾았네요!"

"어머니가 정성을 다해 수철이를 보살피면 그것이 어머니의 인극을 다하는 것이고, 수철이가 학교에서 열심히 공부를 하면 그로써 학생의 인극을 다하는 것이지."

"그렇게 해서 성인이 될 수 있다면 정말 좋겠어요."

"그럼, 될 수 있고 말고!"

수철이는 용기가 생깁니다. 내일 학원에 가면 민동이에게 4대 성인의 전기를 빌려 달라고 할 생각입니다. 진정한 성인들의 삶을 배우고 그들을 본받아 수철이 자신의 인극을 다하면 수철이도 성인이 될 수 있을 테니까요. 할 일은 그뿐만이 아닙니다. 이번 주말에는 민동이와 고아원에도 가 봐야겠습니다. 참된 성인이란 자기

이익만 구하는 것이 아니라, 남들도 아껴 주고 사랑하며 사람의 도리를 다해야 하니까요. 벌써부터 가슴이 벅차오릅니다. 이래서 아버지와 함께하는 저녁 시간이 좋은가 봐요!

3 우표의 진실

오늘은 수철이 어머니가 기분이 좋은 모양입니다. 웬일로 수철이가 좋아 하는 오징어덮밥을 만들어주고 싶다고 하네요. 그래서 아버지에게는 퇴근하는 길에 싱싱한 물오징어를 사다 달라고 부탁을 하였대요.

수철이가 어머니에게 사랑을 받는 데에는 이유가 있습니다. 아버지에게 배운 주돈이 철학을 몸으로 마음으로 실천하기 때문이지요. 자연을 닮은 생활을 하고, 음양오행에서 나온 오성의 성품을 발휘하려고 늘 노력하며, 주변 친구들까지 자연을 닮을 수 있도록 친절하게 도와주기까지 하니까요.

하지만 수철이 마음에는 여전히 찝찝한 하나가 남아 있습니다. 그것은 다름 아닌 우표입니다. 민동이 필통이 갖고 싶어 선뜻 줘 버린 우표 몇 장이 이렇게 수철이의 마음을 괴롭힐 줄은 꿈에도 몰랐습니다. 민동이가 준 필통은 오천 원이면 살 수 있지만 그 우표는 훨씬 비싸고 귀한 것이니까요. 누가 알았겠어요? 과일 가게에 피워 놓은 동글동글한 모기향 같은 그림이 그려 있어 대수롭지 않게 여겼는데, 그것이 바로 주돈이의 태극도이고 그렇게 귀중한 우리나라 최초 우표였는지를 말입니다. 태극도설을 알게 되면 알게 될수록, 그 우표에 대한 생각이 수철이 마음을 무겁게 짓누릅니다.

우표를 돌려 달라고 하면 민동이는 어떻게 생각할까요? 우표를 보고 환하게 웃으며 고마워하던 민동이 얼굴이 눈에 선합니다. 게다가 그 우표와 맞바꾸어 민동이 필통을 가져오기까지 했으니 무슨 낯으로 우표를 돌려 달라고 할 수 있을까요? 이제 친해진지 얼마 되지도 않았는데, 그 우표를 돌려 달라고 하면 수철이에게 크게 실망할지도 모릅니다. 어떻게 친해진 좋은 친군데, 그런 일은 정말 끔찍합니다!

수철이가 책상에 팔을 괴고 앉아 한숨을 푹푹 쉬고 있는데 방문 두드리는 소리가 들립니다. 아버지입니다.

"들어가도 되겠니?"

"네, 들어오세요."

"네 엄마가 그러는데 수철이가 요새 고민이 있는 것 같다더구나. 걱정 되서 말이야. 오징어덮밥이 다 될 때까지 우리 이야기 좀 할까?"

아버지는 의자를 당겨 수철이 곁에 앉습니다. 아버지가 곁에 있는데도 수철이는 아버지 눈을 쳐다 볼 수 없습니다. 아버지의 귀한 우표를 민동이에게 줘 버렸다는 말이 목구멍까지 차올랐다가 도로 들어가 버립니다.

"얼굴이 정말 말이 아닌데……, 무슨 일이 있는 거니? 아버지 눈도 못 쳐다보고. 혹시 너, 좋아하는 여자 친구라도 생긴 게냐!"

"아이 참, 그런 거 아니에요."

어머니가 만드는 오징어덮밥 냄새가 방 안으로 솔솔 풍겨 옵니다. 아버지는 여전히 심각한 표정을 짓지만, 아버지도 이미 코를 벌름거리며 입맛을 다시고 있습니다.

"음, 아무래도 수철아!."

"저녁 먹고 우리 이야기를 이어 갈까요?"

"그래, 그게 자연을 따르는 길 같구나."

둘은 곧바로 일어나 거실로 나섭니다.

밥상에는 김이 모락모락 나는 오징어덮밥이 정성스럽게 차려있습니다. 군침을 돌게 하는 맛있는 냄새가 코끝을 자극합니다. 그런데 이게 웬일일까요? 수철이가 가장 좋아하는 음식인데도 영 입맛이 돌지 않습니다. 마음이 무거우니 수저 또한 무거운 모양입니다. 어머니는 그런 수철이가 걱정스러운 듯 말합니다.

"수철아, 왜 오징어 잘 안 먹어? 아버지께서 너 생각해서 이렇게 많이 사오셨는데."

수철이는 이렇게 자신을 걱정해주는 부모님을 대 하니 왠지 눈물이 날 것 같습니다. 아무래도 잘못을 솔직히 인정하는 것이 인극을 세우고 자식의 도리를 다하는 것이겠지요? 수철이는 눈을 딱 감고 아버지에게 사실대로 말하기로 합니다.

"아빠."

"응?"

"제가 주돈이의 태극도가 그려진 우리나라 최초 우표를 친구에게 줘 버렸어요."

잠시 식탁에 침묵이 내려 앉습니다. 수철이 심장은 두근거리다 못해 바깥으로 튀어 나올 지경입니다. 먼저 침묵을 깨는 것은 어머니 목소리입니다.

"친구에게 줬다고? 언제?"

"2주 전 쯤에……. 죄송해요."

"말도 없이 왜 그랬어?"

"친구 필통이 너무 탐나서 우표랑 바꿨어요."

수철이는 아버지의 눈치를 보면서 쭈뼛쭈뼛 거립니다. 아버지는 아무 표정도 없이 수철이에게 말합니다.

"누구에게 줬니?"

"그게……, 민동이 필통하고 바꿨어요. 그 필통을 너무 갖고 싶은 마음에 그만. 정말 잘못했어요. 전 그 우표가 그렇게 귀한 것일 줄은 꿈에도 몰랐어요."

"아빠한테 물어 보지도 않고?"

"죄송해요."

"수철아, 너 그게 어떤 우표인지나 알고 그런 거니?"

"……."

"어떻게 그 귀한 걸……."

어머니는 냉랭하게 말합니다. 아버지는 석고상처럼 바짝 굳어서 아무 말도 없습니다. 수철이는 그런 부모님을 보며, 정말 자신이 집안 대대로 내려오던 가보라도 잃어버린 것인지 싶어 온몸이 사시나무처럼 떨리기 시작합니다. 이러다 호적에서 빼기라도 하면 어쩌죠? 수철이는 부모님께 버림이라도 받을까 봐 걱정돼서 숨이 막힐 지경입니다.

"정말, 잘못했어요……."

수철이 눈가에 눈물이 그렁하게 맺힙니다. 목소리가 바들바들 떨리기까지 합니다. 아버지 입 꼬리가 움틀 거리는 게 불벼락이 떨어지는 건 시간문제입니다! 아버지가 무슨 말을 하든, 수철이는 무릎 꿇고 통사정을 해야겠다고 마음을 먹었으니까요!

"수철아."

"용서해 주세요. 어떤 벌이라도……."

"그 우표 가짜다!"

"네에?"

"그 우표 모조품이야."

"……. 모조품이요?"

"또 구할 수 있는 거야. 비싸지도 않아."

"네에!"

"하하하!"

"호호호!"

부모님이 웃음을 터뜨리자 그제야 수철이는 상황 파악이 되는지, 잔뜩 고여 있던 눈물을 왈칵 쏟아 내며 악을 씁니다.

"아아아! 정말 너무해요!"

수철이는 비로소 가슴이 다 꺼질 것처럼 안심이 됩니다. 마음에 얹혀 있던 바위가 어디론가 굴러가 버린 기분이라고나 할까요? 아버지는 웃음을 약간 거두고 당부합니다.

"하지만 말도 없이 우표를 필통과 바꾼 건 수철이 네가 잘못한 거다. 그래도 그걸 솔직히 털어 놓았다는 게 중요한 거야."

"전 그게 진품인 줄만 알았어요."

"하하하. 그게 진품이면 몇 십만 원이 넘었을 거야."

"아아, 두 분은 제 부모님이지만 정말 무서운 분들이에요."

"이제야 마음이 좀 가벼워 졌니? 호호호."

수철이는 땅이 꺼져라 한숨을 쉽니다.

"우표보다는 주돈이가 우리에게 가르쳐 준 태극 원리를 실천하는 것이 중요하지. 수철이는 지금 자식으로서 인극을 다한 거야. 아버지 마음은 기쁘다."

"인극을 실천할 기회를 주셔서 감사합니다, 아빠엄마. 덕분에 심장이 오그라들 뻔했지만요!"

"그래. 오징어덮밥이 식겠구나. 어머니가 정성들여 만들어 준 음식인데 식게 놔 두면 안 되겠지?"

"그럼요! 잘 먹겠습니다!"

수철이는 그 어느 때보다도 맛있는 오징어 덮밥을 배불리 먹었습니다. 가슴을 짓누르고 있던 짐을 덜어 놓으니 몸도 마음도 훨훨 날아갈 듯이 가벼웠습니다.

4 하늘이 무너져도 사과를 심자

철학자 주돈이의 태극도설을 배우고 난 뒤로 수철이는 하늘을 쳐다보는 버릇이 생겼습니다. 그런데 참 이상한 일이에요? 하늘은 언제나 같은 하늘일 것 같은데, 쳐다 볼 때마다 그 모양과 빛깔이 다르니 말이에요. 새벽에는 보랏빛으로 세상을 서서히 밝혀 주고, 낮이 되면 우리가 활동할 수 있게끔 밝은 빛을 뿌려줍니다. 그러다가 저녁이 되면 주홍빛 석양이 하루를 정리하고 반성할 수 있게끔 한껏 분위기를 만들어 주지요. 밤에는 또 어떻고요? 은은한

달빛이 하루 동안 지친 우리의 마음을 조용히 쉬게 해 줍니다.

해와 달의 운행은 또한 계절의 순환을 만들어 냅니다. 봄에는 일년의 계획을 세우고, 여름에는 나무가 잎을 피우듯 열심히 활동하고, 가을이면 하는 일에 결실을 맺으며, 겨울에는 또 새로운 한 해를 맞이하기 위해 쉼에 들어갑니다. 하루의 운행과 계절의 순환은 꼭 닮아 있습니다. 이것이 바로 주돈이가 말하는 태극이겠지요.

수철이는 그네에 앉아 높다란 하늘을 쳐다봅니다. 시계는 없지만 하늘만 쳐다봐도 지금이 몇 시쯤인지 대강 알 수 있을 것 같습니다. 구름떼에 주홍빛 그림자가 지는 걸 봐서는 오후 일곱 시가 넘어갈 때인 것 같네요. 곧 놀이터에도 어둠이 깔리겠지요.

"수철이 여기서 뭐 하니?"

퇴근하던 아버지는 놀이터 그네에 앉아 있는 수철이를 보고 다가옵니다. 아버지가 옆 그네에 앉으니 줄이 출렁 하는 소리를 냅니다. 아버지가 앉기에는 그네가 조금 작아 보이기도 합니다.

"하늘을 보고 있었어요. 그네에 앉아서 줄을 잡고 이렇게 몸을 눕히면 하늘이 꼭 저한테 쏟아질 것 같거든요."

"아, 정말 그렇구나. 하늘이 이렇게 넓은 줄 보통 때는 느끼지 못했는데 말이야."

"하늘을 보고 있는데 문득 정배 아저씨 댁에 갔을 때 만났던 오성이 형이 생각났어요. 누가 시키지 않아도, 자기랑 상관도 없는 남을 위해 험한 곳도 마다않고 달려오는……. 그런 마음가짐을 가진 사람들은 어떤 어려운 일이 닥쳐도 뭐든 잘 해낼 수 있을 것 같아요. 저도 그런 사람이 되고 싶어 졌어요."

말을 끝낸 수철이는 다시 묵묵히 하늘을 쳐다봅니다. 아버지는 빙그레 웃으며 그런 수철이를 가만히 바라보더니 문득 묻습니다.

"수철이 네덜란드라는 나라를 아니?"

"네. 풍차의 나라잖아요. 히딩크 감독의 나라이기도 하고."

"그래, 그 네덜란드에는 유명한 철학자 스피노자라는 사람이 있었단다."

"하하. 벌써 이름만 들어도 철학자 같은데요? 공자, 맹자, 스피노자……."

"자 자 돌림이네? 하하. 녀석, 엉뚱하긴. 스피노자가 이런 말을 했어. '내일 우주의 종말이 온다 해도 오늘 사과나무를 심겠다.' 어떤 어려운 상황이 닥치더라도 태연하게 열심히 살아가겠다는 뜻이지. 멋진 말이지? 아빠는 수철이도 그런 태도를 배양했으면 좋겠어. 우리가 사는 이 큰 세상도 우주지만, 사람도 하나의 작은 우주란다. 대우주 앞에 소우주인 사람으로 태어나 떳떳하게 사는 것이 중요하니까. 그게 군자의 본분이 아닐까?"

"군자라면 성인군자 할 때 군자요?"

"그렇지. 주돈이가 말한 성인이기도 하고. 군자는 자연의 이치를 닦아 실천하니 항상 좋은 일이 많이 생기지."

"사실 정배 아저씨 댁에 가서 일할 때 저는 군자의 반대로 굴었던 것 같아요. 군자의 반대말도 있어요?"

"군자의 반대는 소인이라고 하는데, 소인은 자연의 이치를 어기고 제멋대로 살아가기 때문에 늘 결과가 좋지 않지."

수철이 아버지는 놀이터의 나뭇가지 하나를 주워 모래판에 그림을 그립니다. 하늘이 있고, 땅이 있고, 그 가운데 빛이 나는 사람 모습이 있습니다.

"이 그림에 깊은 뜻이 있는데 그게 뭘까?"

"아마 예전 같으면 몰랐을 텐데 주돈이를 배우고 나서 알 것 같아요. 인간은 하늘과 땅 가운데 있는 가장 뛰어난 존재라는 뜻 아니에요?"

"맞다. 인간은 하늘과 땅이라는 대우주 속의 소우주라고도 말할 수 있지. 우주를 이루는 세 가지 근본을 삼재(三才)라고 하는데, 이것이 곧 하늘과 땅과 인간을 말하는 거란다. 시작이 있으면 끝이 있고, 끝이 있으면 또 시작이 있지. 이렇게 순환하는 자연의 이치를 깊이 생각해 보면, 네겐 아직 와 닿지 않겠지만 나중에 삶과 죽음의 문제까지도 쉽게 알 수 있을 거야."

"나중까지 갈 거 없죠, 뭐. 하늘에 어둠이 깔리고 저기 달이 뜬 걸 보면 자연이 조용히 운행하고 있는 게 보이잖아요. 우리 인간들도 그렇게 삶을 살아가고 있는 거겠죠."

"어이구, 수철이가 어린 나이에 벌써 통달을 했네! 자연이 운행하면 사람도 운행을 해야겠지. 이제 들어가서 어머니에게도 인사를 해야지?"

"네!"

수철이는 아버지 손을 잡고 걸으며 그네 밑에 그려진 그림을 다시 한 번 돌아봅니다. 하늘과 땅, 그리고 그 사이에 있는 인간. 수철이 역시 이 드넓은 우주에서 한 자리를 차지하고 있는 인간이라는 생각을 하니 새삼스럽게 어머니 아버지에게 감사하는 마음이 듭니다. 수철이는 아버지 손을 더욱 꽉 잡으며 속으로 크게 말해 봅니다.

'아버지, 어머니, 낳아 주셔서 정말 감사합니다!'

철학 돋보기

우주에는 태극이 있습니다. 이 태극을 사람에 적용시키면 바로 인극이라 할 수 있습니다. 태극이 우주가 존재하고 작용하는 원리라면, 인극은 바로 인간의 차원에서 우리가 존재하고 활동하는 원리인 것입니다. 다시 말하면 인극이란 인간이 지켜야 할 삶의 표준을 뜻합니다.

수나라의 왕통(王通)이 그의 저서 《문중자(文中子)》의 〈술사(述史)〉편에 다음과 같은 말이 나옵니다. '우러러서는 우주의 무늬를 보고 굽어서는 지리를 살펴서 그 가운데에 인극을 세운다.' 이것은 《주역》에서 말하는 하늘의 운행, 땅의 존재, 그리고 인간의 삶의 이치, 이 세 가지가 본래 '태극'이라는 하나의 근원으로 연결된다는 생각에서 나왔습니다. 이는 즉 천 · 지 · 인, 삼재(三才)의 조화를 의미합니다. 그와 같은 삶이 인간으로서 최고의 삶이라고 할 수 있습니다.

그리하여 송나라 때 주돈이가 《태극도설》에서 '성인이 중용 · 정의 · 사랑을 가지고 표준을 정하고 고요함을 주로 하는 공부를 통하여 인극을 세웠다.'고 하기에 이릅니다. 인극은 사람이 해야 할 도리의 극치이며, 이것을 다하는 사람이 바로 성인입니다.

여기서 우리는 성인이 될 수 있음을 명심해야 합니다. 우리가 할 수 있는 사람의 도리를 다할 때 이미 성인이 되어 있을 것입니다. 신념을 가지고 나에게 주어진 일을 정성껏 다하면서 보다 크게 마음을 열고 이 세상을 바라보면, 그것이 바로 삶의 표준이고 성인이 되는 방법일 것입니다.

부모님을 대하든 친구를 만나든 학교 수업 시간에 공부를 하든 운동장에서 축구를 즐기든, 무엇을 하든지 고요히 마음을 가다듬고 차분하게 임한다면 그것이 내가 해야 할 일을 다 하는 것입니다.

성인이 되는 법은 공부를 통해 얻을 수도 있고 내가 노력해서 터득할 수도 있습니다. 주돈이는 《태극도설》만큼이나 중요한 그의 저서 《통서(通書)》에서 말합니다. '한결 같은 마음'으로 '정성'을 다하며 살아갈 때 성인의 자리는 우리의 것이 된다고 말이에요.

외전

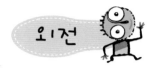

개학식 날입니다. 방학 동안 많은 일이 있었지만, 수철이는 방학이 너무 빨리 지나 간 느낌입니다. 그런 걸 보면 계절의 순환은 정말 빠르게 이루어지는 모양입니다. 담임선생님은 새 학기를 앞두고 여름방학을 뒤돌아보는 시간을 갖자고 제안합니다.

"자, 이번 여름방학 때 기억나는 일 하나씩 친구들에게 얘기하는 시간을 가져 보도록 할까?"

무슨 일에든 나서기 좋아하는 윤주가 손을 번쩍 듭니다.

"그래, 문윤주! 윤주가 말해 볼래?"

윤주는 칠판으로 가서 분필을 잡고 커다랗게 글씨를 쓰기 시작합니다. 윤주가 글씨를 쓰는 동안 수철이는 무엇을 발표할 까 생각해 봅니다. 이번 방학에 겪은 가장 큰 사건이라면 역시 정배 아저씨 댁에 수해복구를 하러 갔던 일이겠지요. 그곳에서 수철이는 느낀 것이 많았습니다. 수철이는 발표할 차례가 오면 그 일을 말해야겠다고 마음으로 결정합니다.

윤주가 칠판에 멋진 문장 하나를 써 놓았습니다.

한 영혼이 천하보다 귀하다.

그걸 본 반 아이들은 감탄을 하기도 하고 잘난 척 한다고 야유를 하기도 합니다. 윤주는 아랑곳 않고 분필이 묻은 손을 탁탁 털며 이야기를 꺼냅니다.

"저는 이번 방학 때 엄마를 따라 먼 친척 빈소에 다녀온 적이 있습니다. 살아 계실 때 우리나라, 외국 할 것 없이 자연 피해를 입은 재해 지역으로 봉사 활동을 다니며 좋은 일을 하시던 분이었는데, 올 봄에 인도네시아의 어느 건축 공사장에서 사람을 구하다 돌아가셨대요."

쑥덕대던 반 분위기는 돌연 숙연해졌습니다.

"전 엄마랑 그분을 모신 병원의 빈소에 갔었거든요. 전 잘 모르는 분이었지만 사람들이 슬프게 우는 모습을 보니 괜히 저까지 눈물이 나올 것 같았어요. 그러다가 거기 계시던 어떤 분께서 빈소에 뛰어 들어오셔서는 '이 한 영혼이 천하보다 귀하구나.' 하시며 땅을 치고 목 놓아 우는 광경을 보게 되었지요. 그 말이 어찌나 가슴에 남았는지, 좀처럼 잊히질 않습니다. 천하보다 귀한 이런 좋은 분들이 우리나라에 더욱 많아져서 살기 좋은 세상이 되었으면 좋겠습니다."

윤주가 발표를 마치자, 선생님께서 말합니다.

"그래, 윤주가 그 일을 통해 많은 것을 느꼈구나. 선생님도 우리 반 아이들 모두 그런 사람이 되었으면 좋겠어. 일당백이라고 하지? 한 사람이 백 사람의 역할을 한다는 뜻이야. 백 사람보다 더 나은 한 사람이 될 수 있도록 다 큰 어른인 선생님 같은 사람들도 많이 노력하고 있지. 자,

다음으로는 누가 발표를 해 볼까?"

윤주가 너무 멋있게 발표를 마쳐서 그런지 손을 드는 사람이 없습니다. 천천히 반을 둘러보던 선생님은 수철이와 눈이 마주치더니 빙긋 웃으며 나오라는 눈짓을 합니다. 수철이는 하는 수 없이 나가서 분필을 잡아야 했지요. 수철이는 잠시 눈을 감고 수해 지역에서 있었던 일과 아버지와 대화를 죽 되뇌어 봅니다. 그러다 보니 다른 말은 굳이 필요 없고 딱 한 마디면 되겠다 싶습니다. 수철이는 눈을 뜨고 칠판에 하늘과 땅, 그리고 그 가운데서 빛나고 있는 인간의 형상을 그립니다.

"저는 이번 학기에 아빠랑 철학자 주돈이에 대하여 배웠습니다. 사람은 만물의 영장이며 우주 자연 가운데 가장 뛰어난 존재라고요. 오로지 사람만이 사랑을 할 줄 알고 정의를 실천할 줄 아는 것도 그런 이유에서란 걸 깨달았습니다. 인간도 하나의 우주입니다. 대우주 속의 작은 소우주이지요."

수철이가 짧게 발표를 마치자, 반 아이들은 윤주의 발표 때보다 더 놀라서 입을 벌린 채 다물지를 못 합니다. 선생님께서 빙긋이 미소를 짓는 걸 보며 수철이는 그 미소가 아버지를 닮았다고 생각합니다. 따뜻한 사랑이 듬뿍 담긴 미소 말이에요.

"윤주, 수철이 둘 다 맞는 말이구나. 방학을 굉장히 알차게 보내서 칭찬해 주고 싶은데! 우리 친구들 말대로 사람에게 있어서 제일 중요한 것은 남에게 사랑을 베푸는 거란다. 사람이 왜 만물의 영장일까? 먹이사슬의 가장 위에 있어서? 도구를 만들어 모든 것을 정복하니까? 짐승은 하지 못하는 문자를 써서 의사소통하기 때문에? 그게 틀렸다고 할 순 없지만 결정적인 이유는 다른 데 있단다. 바로 다른 사람을 위하는 마음이지. 그것이 인간이 동물과 다른 가장 큰 특징이라고 선생님은 생각한다. 선생님은 여러분이 만물의 영장답게, 다른 사람에게 사랑을 실천하는 삶을 살았으면 좋겠구나. 그런 의미에서 이번 학기는 자기 자신만을 위해서가 아니라, 다른 사람을 생각하며 사는 목표를 한번 가져 보면 어떨까? 그렇게 할 사람은 박수!"

선생님께서 말씀을 마치자, 누가 먼저랄 것도 없이 박수 소리가 터져 나옵니다. 선생님과 수철이가 서로 마주보며 빙그레 웃음을 짓네요. 우렁찬 박수 소리를 듣자, 수철이는 이번 학기가 자신뿐만 아니라 반 친구들 모두에게도 특별한 의미가 있을 것 같은 예감이 듭니다. 주돈이를 잘 모르는 아이들도 많지만, 어쨌든 반 모두가 하나 되어 사람의 도리를 실천하는 방학이 될 테니까요.

통합형 논술 활용노트

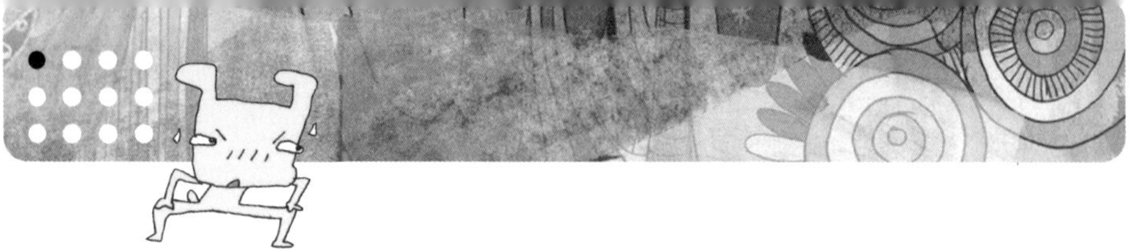

01 주돈이는 자연을 사랑하는 아름다운 인품을 가진 학자로도 유명합니다. 교수 신문은 매년 네 글자로 된 사자성어를 정해 한 해의 소망을 표현하고 있는데, 2008년도를 위해서는 '광풍제월(光風霽月)' 이라는 말을 '올 해의 사자성어' 로 결정하였습니다. 이 사자성어는 북송의 대표 시인인 황정견(黃庭堅)이 주돈이 인품을 찬양하여 지은 말이며, 마음결이 시원하고 깨끗하여 '맑은 날의 바람과 비 갠 날의 달과 같다.' 는 뜻을 담고 있습니다. 이러한 자연과 인간의 이상적인 분위기가 이 땅에 가득 찼으면 하는 바람이 표현되고 있습니다.

아래의 글은 주돈이가 연꽃을 좋아하여 쓴 애련설(愛蓮說)의 일부입니다. 이 글을 읽고 주돈이가 연꽃을 좋아하는 이유를 인간의 삶과 관련지어 말해 보세요.

내가 오직 연꽃을 사랑함은
진흙 속에서 태어났지만,
더러움에 물들지 않고,
맑은 물에 씻기어도
요염하지 않으며,
올곧은 줄기는
속이 비어 밖과 통하며,

덩굴지지 않고
가지가 없어서이다.
향은 멀수록 맑고,
우뚝 선 모습은
멀리서 바라볼 일이요,
너무 가까이 할 수 없으니
연꽃이야 말로
꽃 중의 군자니라.

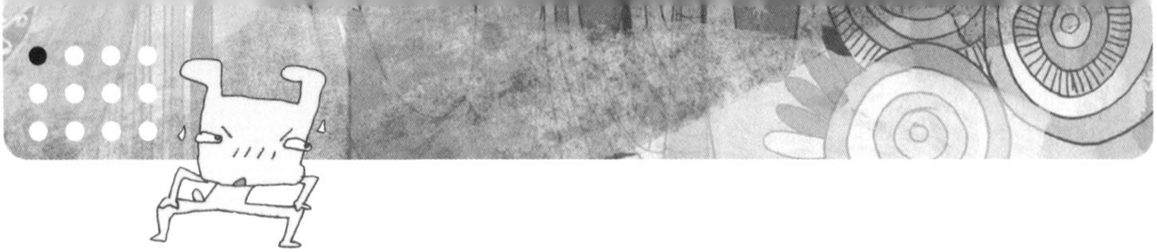

02 다음 제시문을 읽고 물음에 답하세요.

제시문 (가)

"수철이 네가 보기에는 무엇이 이 세상을 이루고 있는 것 같니?"

"음……. 제 생각에는 엄마 같아요."

"엄마? 왜 그렇게 생각하지?"

"엄마가 계시니까 제가 태어났고 엄마가 계시니까 밥도 먹고 잘 살고 있잖아요."

"그래, 수철이는 이 우주의 원소를 어머니로 본 거야. 이 정도면 훌륭한 철학자라고 봐도 되겠는걸? 낳고 기르는 어머니의 역할이야말로 이 우주를 이루는 가장 기본적인 힘이지. 그러고 보니 수철이 말이 진리로구나."

"오호라, 제 말도 일리가 있는 건가요? 히힛."

수철이는 흐뭇한 얼굴로 가족사진을 한참이나 바라봅니다. 처음엔 삼촌들과 아버지의 얼굴이 언뜻 다 비슷해보였는데, 계속 보다 보니 생김새도 성격도 각양각색인 것 같습니다. 같은 배에서 나온 삼촌, 고모, 아버지의 생김새와 성격이 모두 다르듯이, 태극에서 나온 오행도 각각 다른 성질을 가지는가봅니다.

-《주돈이가 들려주는 태극 이야기》 중

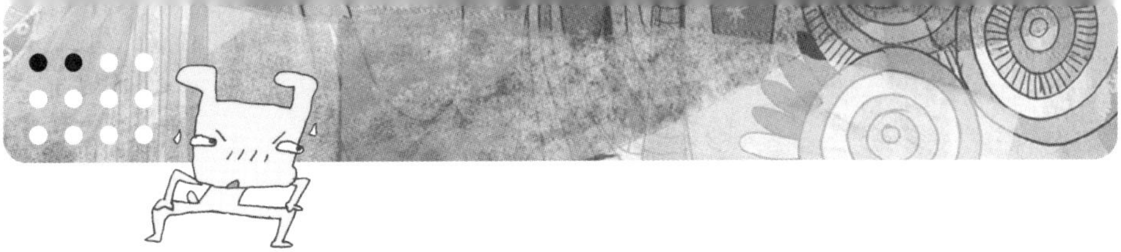

제시문 (나)

나는 사라진다
내게서 아무것도 남지 않을 것이다
이 비마저 사라질 것이다
비 내음만이 나무에 스며들어 남겠지
나무들도 사라질 것이다
새들과 함께, 떨림과 함께 사라질 것이다
나의 모든 삶이 사라지겠지
남는 것은
맑고 신선한 비의
희미한 내음뿐
그런 푸르름, 청정함
작디작게 반짝이는 냄새……
그래, 그것도 사라질 것이다

-《나뭇잎이 나를 잎사귀라 생각할 때까지》
(글.을지터그스) 중 '비 내음'

1. 제시문 (가)의 수철이와 제시문 (나)의 시의 화자가 세계를 바라보는 관점을 비교해 보세요.

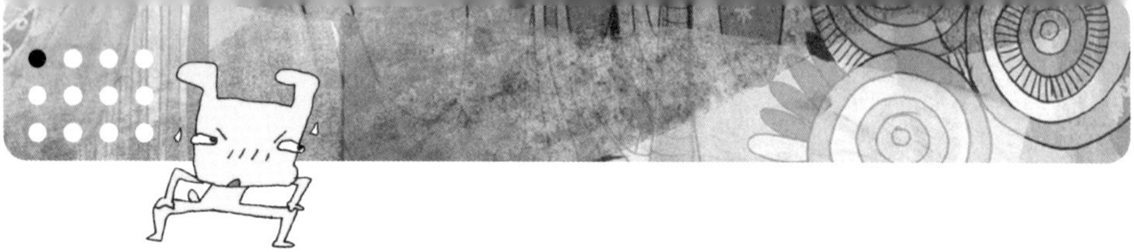

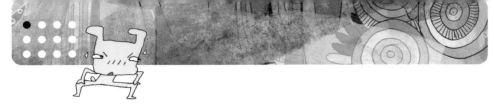

2. 주돈이는 '무극이태극'이라고 하여 우주는 끝이 없다고 합니다. 우주가 끝이 없다는 건 어떤 뜻일까요? 위 제시문의 내용들과 관련해 여러분의 생각을 자유롭게 써 보세요.

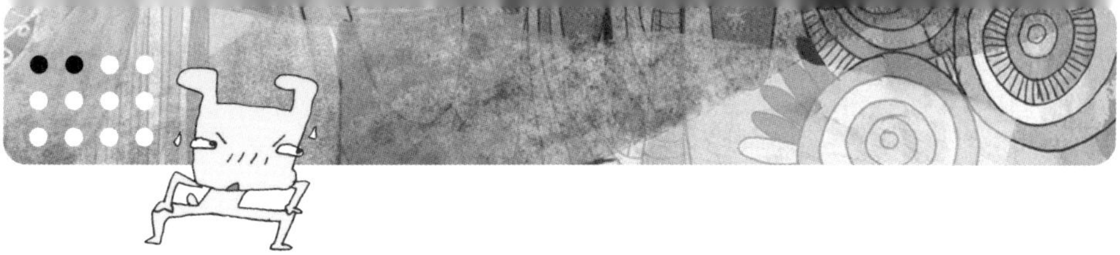

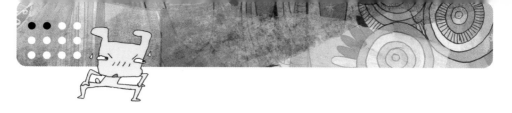

03 다음 글을 읽고 물음에 답하세요.

제시문 (가)

"저 해는 원래 어디서 생겨서 떠오르고 있는 걸까요?"

"옛날 사람들은 아까 말했듯 태극이 움직여서 생긴 것으로 생각했었지."

"태양도 태극이 움직여서 만들어진 건가요?"

"처음부터 생각해보자. 이 세상 모든 것에는 원인이 있게 마련이지?"

"그렇겠죠. 원인이 있어야 결과도 있는 법이니까."

"그럼 원인의 원인의 원인의…… 해서 쭉 올라가면 그 최초의 원인이 있겠지?"

"네. 그렇겠네요?"

"그게 뭘까?"

"눈치껏 찍어보자면 태극이겠네요."

"그래, 잘 찍었다. 옛 사람들은 그게 바로 태극이라고 생각한 거야. 태극은 세상이 어둠에서 밝음으로 바뀌는 현상의 원인이라고 할 수 있지."

-《주돈이가 들려주는 태극 이야기》 중

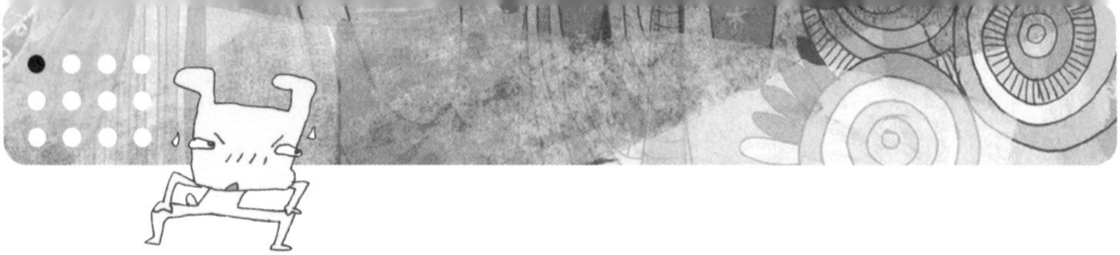

제시문 (나)

 더운 여름날, 지상에서 데워진 공기는 찬 공기보다 가볍기 때문에 위로 올라가게 돼요. 그러다 보면 높은 곳의 찬 공기와 만나게 되지요. 이때 더운 공기가 찬 공기와 충돌하면서 구름 속에서는 야단법석 난리가 난답니다. 구름 알갱이들이 마구 소용돌이치면서 아주 빠른 속도로 오르락내리락하지요. 이 과정에서 양(+)의 전기를 띤 알갱이와 음(-)의 전기를 띤 알갱이 사이에서 불꽃이 일어나는데, 이게 바로 번개예요.

–《병아리에게도 배꼽이 있을까?》(글 이자벨 아우어바흐) 중

 1. 제시문 (가)에서 말하는 태극이라는 개념을 (나)에서도 찾을 수 있을까요? (가)의 태극에 대응하는 것으로 (나)에는 어떤 것이 있는지 생각하여 말해 보세요.

 2. 수철이는 엄마와 아빠를 보며 음양의 조화를 떠올렸습니다. (나)에서 찾아볼 수 있는 음양의 조화는 무엇일까요? 또 우리 주변에서 찾아볼 수 있는 음양의 조화는 무엇이 있을까요? 여러분의 생각을 이야기해 보세요.

통합형 논술
문제풀이

문제풀이

01 주돈이가 연꽃을 좋아하는 이유는 연꽃이 비록 진흙 속에서 자라지만 더러움에 물들지 않기 때문입니다. 이는 인간도 혼탁한 세상에 태어나 성장하지만 더러워지지 않는 자세를 가져야 함을 말하고 있습니다. 연꽃이 맑은 물에 씻기면서도 요망스런 자태를 드러내지 않듯이 인간도 달콤한 말에 쉽게 유혹 당해 동요되지 않아야 함을 말하고 있습니다. 또한 연꽃의 속이 빈 것은 도(道)를 통한 것 같고, 밖으로 곧은 것은 언행이 정직한 것과 같습니다. 넝쿨지지 않는 것은 남에게 의지하든가 남을 속여 가며 넘어뜨리는 짓을 하지 않는 것과 같고, 가지가 없는 것은 끼리끼리 모여 다른 무리를 배척하지 않는 것과 같습니다. '향은 멀수록 맑고' 는, 깊은 덕(德)이 날이 갈수록 은은하게 퍼지는 것과 같습니다. 드문드문 깨끗하게 심겨져 멀리 바라볼 수는 있어도 가까이 구경할 수 없는 것은, 군자가 세상에 귀해서 존경할 수는 있지만 쉽게 사귈 수는 없는 것에 비유하고 있습니다. 결국 주돈이는 연꽃이 지닌 이러한 아름다운 자태로 인해 연꽃을 군자와 같은 꽃으로 좋아했습니다.

02 1.원소라는 것은 끊임없이 변화하는 만물 가운데서도 결코 변하지 않으며, 모든 변화하는 만물의 근원이 되는 것입니다. (가)의 수철이는 세계를 이루고 있는 원소가 '있다' 는 입장입니다. 그리고 그 원소가 바로 '낳고 기르는 어머니' 라고 주장합니다. 하지만 (나)의 화자는 '모든 것이 사라진다.' 고 말하며 불변하는 것은 아무 것도 없다고 생각합니다.

하지만 만물의 다양성은 둘 다 인정하고 있습니다. (가)는 가족들의 생김새나 성격이 각양각색이라는 점을 통해, 만물이 각기 다른 성질을 띠고 있음을 이야기합니다. (나)도 비와 나무, 새들과 같은 사물을 떨림, 푸르름, 청정함, 반짝임 등으로 다양하게 묘사하고 있습니다.

즉, (가)에서는 어머니라는 하나의 원소로부터 모든 다양한 만물이 퍼져 나오는 것으로 세상을 파악하는 반면, (나)에서는 다양한 만물이 '사라짐' 이라는 하나의 공통된 현상으로 모아지는 것으로 세상을 바라보고 있습니다.

2. 부모가 자식을 낳고 기름으로써 모든 만물이 끊임없이 생기고, 또 그로 인해 우주가 계속 이루어져 나갑니다. 하지만 (나)에서 모든 것이 사라진다고 하는 것처럼, 한 번 생긴 것은 반드시 없어지기 마련입니다. 그렇다면 그것이 어떻게 무한하다고 할 수 있는 것일까요?
부모는 자식을 낳고, 그 자식이 크면 또 다시 부모가 됩니다. 이전의 부모는 사라지지만 부모가 된 자식이 또 자식을 낳아 대를 이어갑니다. 이런 식으로 만물이 생겼다가 사라지는 끊임없이 반복 과정이 바로 우주가 무한하다는 의미입니다.

03 1.제시문 (가)에서 태극은 세상에서 일어나는 모든 일의 가장 근원적인 원인이라고 합니다. 어둠과 밝음이 교차하는 것은 해가 뜨고 지기 때문이고, 해가 뜨고 지는 것은 태극이 움직이기 때문입니다. 즉 원인의 원인을 거듭하여 올라갈 때 가장 최초에 있는 원인이 바로 태극이라는 것입니다.
제시문 (나)에서는 번개가 치는 과정을 인과 관계에 따라 설명하고 있습니다. 번개가 치는 것은 구름 알갱이들이 마구 소용돌이치면서 양전하와 음전하가 부딪혀 불꽃을 일으키기 때문입니다. 또 구름 알갱이들이 소용돌이치는 이유는 더운 공기와 찬 공기가 부딪히기 때문입니다. 더운 공기와 찬 공기가 부딪히는 것은 지상에서 데워진 가벼운 공기가 위로 올라가 높은 곳의 찬 공기와 만나기 때문입니다. 즉, 햇볕이 땅에 내리 쬐어 공기를 데우면 뜨거워진 공기가 위로 올라가게 되는 대류현상, 이 원리가 태극 개념에 대응하는 최초의 원인이라고 할 수 있습니다.

2.(나)에서 음양의 조화를 찾아 보자면, 지상에서 데워진 더운 공기와 높은 하늘에 있던 찬 공기가 만나 소용돌이치는 현상으로 볼 수 있습니다. 또 구름 알갱이들 중 양전하와 음전하가 반응하여 번개가 치는

문제풀이

현상으로 볼 수도 있습니다. 이로써 비가 내리고 구름이 걷혀 다시 맑은 날이 되겠지요. 이러한 순환으로 다양한 기후가 생기고 계절이 바뀌어갑니다.

주돈이는 태극이 움직여 양에서 음으로, 음에서 양으로 순환하며 오행을 낳는다고 주장합니다. 음기와 양기는 하나가 없으면 다른 하나도 그 의미를 잃는 상대적인 관계입니다. 만약 밤이 없다면 낮을 굳이 밤과 구분지어 낮이라고 말할 이유가 없습니다. 또 그렇게 되면 하루와 하루 사이의 구분이 없어져서 생활이 뒤죽박죽이 될 것입니다. 또 여자가 없다면 어떨까요? 남자라는 하나의 성만 존재한다면 남자라는 말도 필요가 없어질 것입니다. 그러면 자손도 낳을 수 없게 되어 인류는 계속 이어져 나갈 수 없을 것입니다.

이처럼 조화란 건 서로 다른 존재가 만나고 반응하며 섞이기 때문에 가능합니다. 이러한 원리에 따라 만물은 생성과 소멸을 반복하며 조화를 이루어 갈 수 있습니다.